NEULICH IM DISCOUNTER

Christian Klein

NEULICH IM DISCOUNTER

»HILFE, ICH BIN IM EINKAUFSWAGEN GEFANGEN!«

MEINE ABSURDESTEN ERLEBNISSE MIT KUNDEN

Mit Illustrationen von Jana Moskito

SCHWARZKOPF & SCHWARZKOPF

INHALT

»WENN DER KUNDE KÖNIG IST, BIN ICH DER KAISER!«

Vorwort

WIR ALLE GEHEN EINKAUFEN, manche jeden Tag, andere wieder nur einmal in der Woche. Die Läden sind gerade am Samstagvormittag proppenvoll, als gäbe es kein Morgen mehr. Menschen drängen sich entlang der Regale, um auch noch das versteckteste Schnäppchen zu entdecken, und schrecken nicht davor zurück, die übrigen Einkaufenden als Feinde oder eine Art Gegner zu betrachten, wenn sie emotionsgeladen ihre Einkaufwagen durch die Gänge bugsieren wie beim Autoscooter, nur darauf bedacht, dem Vordermann oder der Vorderfrau in die Hacken zu fahren, um sich einen Vorteil zu verschaffen. Eine besondere Form dieses täglichen Kriegsgetümmels zeigt sich bei den Discountern, denn die allgegenwärtigen Werbespots im Radio, im Fernsehen oder in der Zeitungsbeilage scheinen mit ihrem »solange der Vorrat reicht« das Aggressionspotenzial nur noch weiter zu schüren.

Ich bin Verkäufer und habe dafür eine mehrjährige Ausbildung absolviert. Aber wie man diplomatische Beziehungen aufbaut, Friedensgespräche führt oder zumindest einen vorübergehenden Waffenstillstand aushandelt, hat mir niemand beigebracht.

Also trat ich unvorbereitet und blauäugig meine Stelle beim Discounter an und stellte mir den Umgang mit Kunden relativ simpel vor, denn ich bin davon ausgegangen, dass wirklich niemand bei einem Discounter eine eingehende Beratung über Haushaltstücher oder Tipps zur richtigen Benutzung von Rasierschaum benötigt. Falsch! Das, was ich in zwei Jahren in dieser ganz besonderen Form der Shoppingtempel erlebte, übertraf all meine Erwartungen.

Beginnen wir ganz am Anfang, mit meinen ersten Tag im Laden …

1

MEIN ERSTER TAG

ICH BEGANN MEINEN JOB AN EINEM DIENSTAG. Ich wurde als Halbtagskraft eingestellt, und so bekam ich den ersten Tag der Woche gleich frei. Ich dachte mir, hey, das ist doch ein prima Start, wenn man seine Arbeit gleich mit einem freien Tag beginnt.

Ich betrat den Laden und suchte zunächst irgendeinen Mitarbeiter, der mir vielleicht weiterhelfen konnte. Das ist aber bei nur zwei Mitarbeitern im Laden leichter gesagt als getan. Ich war 30 Minuten zu früh, an seinem ersten Tag wollte ich schließlich pünktlich sein. Ich wusste nicht, wer der Chef in dieser Filiale ist, da mich ein Bezirksleiter eingestellt hatte, der für viele Filialen in der Region zuständig war. Schließlich kam mir eine Dame entgegen, und ich sprach sie an:

»Guten Tag, mein Name ist Christian Klein, ich soll mich im Laden melden.« Und etwas unsicher fügte ich hinzu:

»Ich bin der neue Kollege.« Dann grinste ich etwas verlegen. Sie schaute mich daraufhin erst einmal von oben bis unten an und sagte dann: »Ja, dann komm mal mit ins Büro«, und ich dachte, dass ich die Chefin gefunden hatte. Wir sprachen auf den paar Metern kurz miteinander.

»Ich bin auch neu hier, und das ist mein zweiter Tag. Ich bringe dich zum Chef, der ist im Büro.«

Ich folgte der jungen Dame und hörte sie sagen: »Chef, hier ist ein junger Mann, der Sie sucht.«

»Dann hat er seine erste Aufgabe erfüllt und hat mich gefunden«, hörte ich eine Stimme aus dem Büro sagen.

Na klasse, dachte ich mir, *wenn das so weitergeht, könnte das echt lustig werden*. Aber ich irrte mich, wie ich es noch so oft in meiner Laufbahn im Discounter tun sollte.

»Gut, er soll dann reinkommen, nicht so schüchtern.« Ich ging ins Büro mit den Worten:

»Guten Tag, Christian Klein mein Name, und …« *Peng!* Er unterbrach mich und knallte mir einen dicken Aktenordner mit gefühlten 1.000 Seiten vor die Nase und sagte:

»Den hier können Sie mal schnell überfliegen, zum Lesen haben wir hier keine Zeit. Rauchen Sie?«

Seine Frage klang merkwürdig. Ich war mir unsicher, was ich sagen sollte, aber ich antwortete dann ehrlich:

»Leider ja!« Er schaute mich an, während ich überlegte, wie ich die Antwort zurücknehmen konnte, als er schon die alles entscheidende Frage stellte:

»Wollen Sie die offiziellen 30 Minuten Pause pro Tag machen oder schnell zwei Zigaretten zwischendurch rauchen gehen?« Ich stutzte. Was bitte antwortet man auf solch eine Frage? Mir fiel nichts Besseres ein als:

»Darf ich einen Joker nehmen …?« Sein Blick sagte mir unmissverständlich: Dieser Mensch hat überhaupt keinen Humor! Ich war fest überzeugt, dass ich in diesem Augenblick bereits die ersten Minuspunkte nach kaum drei Minuten im Gespräch mit meinem Chef gesammelt hatte. Aber der grenzenlose Optimist auf meiner Schulter sagte mir: »Du, jetzt kann es ja nur noch besser werden!«

Schließlich entschied ich mich für die kleinen Raucherpausen, und das fand mein neuer Vorgesetzter offenbar gut.

»Ich persönlich rauche nicht, aber ich habe auch nichts gegen das Rauchen. Als vor zwei Jahren mein Sohn zur Welt kam, habe ich aufgehört. Meine Frau leider nicht.« Ich antwortete kurz und knapp:

»Oh, dann haben Sie das Kind ausgetragen?« *Verdammt, nein, das hast du nicht laut gesagt*, war mein Gedanke danach, denn das waren doch sicher die nächsten Minuspunkte. Und er fand auch meine Frage nicht lustig, und ich machte mich darauf gefasst, dass mein erster auch vermutlich gleich mein letzter Arbeitstag war …

Der Chef ohne Namen, er hatte sich immer noch nicht vorgestellt, ging mit mir in das Lager, und ich hatte bereits mit meinen Leben abgeschlossen. Ich rechnete fest damit, dass er mir etwas antun würde, denn er schloss die Lagertüre hinter sich, machte aber keine Anstalten, in dem düsteren Raum Licht zu machen. Im Dämmerlicht erkannte ich gestapelte Paletten mit allerlei Waren, die vermutlich zum Auffüllen der Regale im Laden benötigt wurden. Ich kam mir vor wie in einem Labyrinth aus Windeln, Schnapsflaschen und Fertigsuppen. Die Zeit verging unglaublich langsam, und ich hatte kurz überlegt, ob ich nach seiner Hand greifen sollte, um mich wie ein Kleinkind sicher über die Straße führen zu lassen – und entschied mich dagegen. Endlich kamen wir an eine andere Türe, und durch den Türspalt sah ich Licht. Ein Hinterausgang. Was hatte er vor? Er drückte die Klinke herunter und zog langsam die Türe auf, während er mich nach draußen schob.

»Los! Rauchen Sie eine«, sagte er zu mir. *Oh Gott, was hat er denn vor? Ich werde zum Rauchen aufgefordert?* Für einen kurzen Moment schossen mir Szenen aus Filmen durch den Kopf, dem zum Tode Verurteilten wird sein letzter Wunsch erfüllt. Noch eine letzte Zigarette … Und hörte ich nicht auch von irgendwoher eine Mundharmonika, die *Spiel mir das Lied vom Tod* spielte? Ich schüttelte diese Gedanken ab und fragte erstaunt:

»*Muss* ich rauchen?« Er erwiderte:

»Müssen nicht – aber dann geht es direkt an die Arbeit!« Ich rauchte also eine Zigarette, während er begann, mir alles in einer Geschwindigkeit zu erklären, als wäre er der jüngste Gewinner eines Schnellsprech-Wettbewerbs:

»Obst und Gemüse kommen jeden Morgen genau wie Brot und Brötchen, Kühlung kommt abends und Fleisch auch. Wir fangen hier morgens um sechs Uhr an, und es geht bis 21 Uhr. Natürlich in verschiedenen Schichten. Meistens von sechs Uhr bis zwölf Uhr und von 12 Uhr bis 21 Uhr. Die Fuhre, also die neue Warenlieferung, kommt an drei Tagen die Woche, jeweils dienstags, donnerstags und samstags. Sie wird auch sofort verräumt, dafür wird extra jemand eingeteilt für vier Stunden. »Oje, ich hoffte, dass ich das nicht alles wiederholen musste.

»Haben Sie noch Fragen?«, fragte er mit einem Blick, der nicht wirklich auf eine Antwort wartete. Aber ich erwiderte mit einem: »Ja, viele …« Der Chef ohne Namen schaute mich verblüfft an, aber sagte:

»Gut. Dann fangen Sie an und fragen los!« *Okay,* dachte ich mir, *dann leg mal los, vielleicht kannst du auch 20 Fragen in zehn Sekunden unterbringen:*

»Wann wird Obst und Gemüse eingeräumt? Wann soll ich diesen Ordner überfliegen? Wann erfahre ich, in welchen Schichten ich arbeiten muss? Wie sieht es mit Urlaub aus …?« *Verdammt!* Natürlich wusste ich, dass es absolut dämlich ist, gleich am ersten Tag nach Urlaub zu fragen, aber wenn einem das Herz auf der Zunge liegt, führt das vermutlich unweigerlich zu weiteren Minuspunkten. Ich erwartete, dass er aus seinem Kittel eine Mundharmonika hervorholte, um eine neue Strophe vom *Lied vom Tod* zu spielen, aber sagte einfach:

»Obst wird morgens eingeräumt, genau wie Fleisch, Kühlung und Brot. Sie kommen um sechs und beginnen damit, Brot und Brötchen zu backen, das erkläre ich Ihnen gleich noch, wie das geht. Den Ordner können Sie mal eben nach Feierabend durchblättern. Die Pläne für eine Woche sind mittwochs fertig, und Urlaub gibt es hier nicht!« Ich sah ihn verblüfft an:

»Wie, Urlaub gibt es hier nicht?« Er grinste.

»Der Urlaubsantrag muss für das kommende Jahr bis Mitte Dezember vorliegen, sonst planen wir Ihren Urlaub irgendwo ein, wo es passt.« *Puh, Glück gehabt.* Er hatte mich tatsächlich reingelegt, aber so langsam wurde mir klar, dass er offenbar doch Humor hatte. Das war zwar kein Humor nach meinem Geschmack, aber ich hatte das Gefühl, dass das Eis zu schmelzen begann …

Ich drückte meine Zigarette aus und folgte dem Chef wieder durch das Schnaps- und Windellabyrinth in die Sicherheit des

OBST UND GEMÜSE
BLALALALALABLA
KASSE
BROT UND BRÖTCHEN
CHEF
KÜHLUNG KOMMT ABENDS UND FLEISCH AUCH
AN MORGENS UM 6 UHR
UND ES GEHT BIS 21 UHR

neonbestrahlten Ladens. Wir gingen zur Backstation. Die Handgriffe, die mein Chef mir beizubringen versuchte, sahen leichter aus, als sie am Ende waren. Dank meiner tatkräftigen Unterstützung konnten wir an diesem Tag Bötchen in der »Black Edition« anbieten, aber aus unerfindlichen Gründen wollte niemand diese wirklich extrem knusprig-krossen Kohlestücke kaufen. Irgendwo habe ich mal gehört, dass die Eskimos 20 verschiedene Bezeichnungen für Schnee haben. Ich konnte mir gut vorstellen, dass mir das bei Brot und Brötchen auch gelang. Als ich ins Büro ging und dem Chef meine mangelnden Backkünste beichten wollte, packte der bereits seine Tasche und sagte:

»Ich habe jetzt Feierabend! Ach Herr Klein, Sie brauchen noch so ein Namensschild« und tippte sich dabei an die Brust. Und jetzt erst fiel ihm auf, dass er selbst keins trug. Er kramte in seinem Kittel und zog einen Plastikanstecker hervor, auf dem stand: *Mein Name ist Volker Berg, wie kann ich Ihnen helfen?* Allen bisherigen Erkenntnissen zum Trotz hatte der Chef doch einen Namen! Es kam mir vor wie ein Wunder! Ich beschloss, ihn von jetzt an nur noch *Chef* zu nennen!

Da ich meinen ersten Arbeitstag während der Mittagszeit begonnen hatte, lernte ich also gleich noch die Stellvertretung meines Chefs kennen, die in der Nachmittagsschicht arbeitete. Es war eine nette Frau Ende 20, die mir ziemlich viel erklärte, aber irgendwie beschlich mich der Verdacht, dass sie selbst kaum Ahnung hatte. Sie wies mich also an, den Laden aufzuräumen – als gelernter Verkäufer sollte man ja wissen, wie das geht, meinte sie. Gesagt, getan, und ich war nach zehn Minuten fertig damit, durch den Laden zu jagen und leere Pappschachteln und Kartons aus den Regalen zu nehmen. Ich sah, dass der Chef und seine Vertreterin noch zusammenstanden, und machte mich stolz auf den Weg zu ihnen, um zu verkünden:

»Ich bin fertig mit Aufräumen, was soll ich als Nächstes tun?« Er schaute mich skeptisch an und meinte:

»Ach wirklich? Dann gehen wir mal schauen.« Schon am ersten Regal fing er an zu grinsen.

»Sagten Sie nicht, Sie sind fertig?« Ich war erschrocken.

»Ja, das dachte ich eigentlich. Ist es so schlimm?« Er fing an zu lachen und sagte:

»Schlimm nicht, aber das üben wir bitte noch mal!« Bevor er mir überhaupt erklären konnte, was ich denn eigentlich falsch gemacht hatte, klingelte es dreimal laut durch den Laden, und er sagte:

»Aber gehen Sie jetzt erst mal und schauen nach dem Pfandautomaten.« Ich machte mich auf den Weg, schaute nach und ging zurück zum Chef.

»Und, was ist mit dem Automaten?« Ich sagte zu ihm:

»Keine Panik, der ist noch da – und ich glaube auch nicht, dass den jemand klauen will, der ist viel zu groß!«

Ich überlegte kurz: Wenn ich nach Minuspunkten bezahlt werden würde, könnte das schon mein letzter Arbeitstag sein, weil ich inzwischen stinkreich wäre. Wir gingen noch einmal gemeinsam zum Automaten, und der Chef erklärte mir die Funktionsweise des Gerätes. Die Kollegin an der Kasse hatte nämlich geklingelt, weil der Auffangbehälter für die zerdrückten Plastikflaschen voll war und ausgetauscht werden musste.

»Dreimal klingeln, Pfandbehälter wechseln!« *Ach so. Das hätte er ja auch gleich sagen können.*

Ich lernte an dem Tag noch eine Kollegin kennen, die einen netten Eindruck machte und sich freute, dass ein neues Gesicht da war.

»Schön, dass du hier anfängst, ist es okay, wenn wir uns duzen? Ich bin die Sarah, und ich bin seit drei Jahren hier – und es macht total Spaß.«

»Hallo Sarah, ich bin Christian, und das mit dem Duzen ist für mich in Ordnung.«

Wir begannen damit, Ware in die Regallücken zu füllen, und unterhielten uns über dies und das. Als wir nach knapp einer Stunde fast fertig waren, sagte sie:

»So, die Kiste noch, und dann bin ich hier fertig und fertig mit dem Laden.« Ich verstand das nicht so richtig und hakte nach:

»Wie meinst du das, dass du fertig bist mit dem Laden?« Sie lächelte und sagte:

»Ich habe hier die Schnauze voll und habe mir was Neues gesucht. Heute ist mein letzter Tag, und ich bin froh, dass ich hier weg bin.«

Ich wusste immer noch nicht genau, wie ich das verstehen sollte, weil sie mir gerade noch etwas anderes gesagt hatte, also wurde ich konkret:

»Du hast hier gekündigt? Hast du mir nicht eben noch erzählt, dass es dir Spaß macht?« Sie antwortete:

»Na ja, ich kann einem Neuen ja nicht am ersten Tag sagen, wie es hier wirklich ist und dass ich deshalb gehe. Ich wollte einen netten Eindruck bei dir hinterlassen.« *Hm, das hat nur so halb geklappt*, dachte ich mir. Dann waren wir fertig mit dem Verräumen der Fuhre. In diesem Moment konnte ich mir gar nicht vorstellen, was sie zu diesem drastischen Schritt gebracht hatte, aber da wusste ich auch noch nicht, dass mir das schneller klar werden würde, als mir lieb war.

Schließlich gab es dann noch ein kleines Gespräch mit dem Chef bezüglich meiner Leistung: »Ihr erster Tag ist vorbei, wie fanden Sie es?« Ja, was soll man auf so eine Frage antworten? Man lobt den Laden, und das tat ich.

»Es macht super Spaß, und die Kollegen, die ich kennengelernt habe, sind echt nett! Nun ja, nur über den Chef müssen wir mal reden. Der scheint nicht so nett zu sein.« Ich grinste schief. Der Chef leider nicht, und somit wusste ich, dass ich ein für alle Mal und endgültig unten durch war bei ihm. Für seine Antwort wählte er einen eher unfreundlichen Ton:

»Sie müssen schneller werden und gründlicher arbeiten.« Klar, heute weiß ich, dass man zum Aufräumen gut zwei Stunden braucht. Aber hey, seine Antwort bedeutete auch, dass ich wiederkommen durfte … Da ich an diesem Tag schon oft genug falsche Fragen gestellt und unsinnige Antworten gegeben hatte, erwiderte ich diesmal ganz vorsichtig:

»Ja, daran werde ich arbeiten. Übrigens, hatten Sie nicht schon vor sechs Stunden Feierabend?«

»Oh, Sie können gern meinen Job haben, wenn Sie wollen …?!« Ich wollte nicht und raste nach Hause. Das war er also, mein erster Tag von zwei aufregenden und verrückten Jahren – *es kann ja nur besser werden*, dachte ich …

2

MEIN ERSTER KUNDE

ES WAR MONTAG. Am Wochenende hatten die Kollegen die Sonderangebote aus der Werbung gewechselt, denn der Discounter an sich geht ja jede Woche erneut auf Kundenfang mit tollen, supergünstigen Artikeln, die er allerorts bewirbt. Ein Kunde kam gegen 10 Uhr morgens auf mich zugerannt, komplett aus der Puste und aufgeregt.

Ich freute mich innerlich wie ein kleines Kind, denn er war mein allererster Kunde, und ich hoffte, ihm helfen zu können. Denn genau das ist mein Selbstverständnis von diesem Job, in erster Linie da zu sein für die Kunden!

»Sie haben doch diese Woche rote Staubsauger in der Werbung?«, fragte er, ohne Luft zu holen. Ich hatte mir von den neuen Werbeartikeln noch keinen Überblick verschafft und antwortete ihm wahrheitsgemäß, dass es wohl sein konnte, ich es aber nicht sicher wusste. Ich bot ihm an, nachzusehen. Ich ging mit ihm zum neuen Werbeaufbau, suchte diesen Staubsauger, fand ihn aber nicht. Na, vielleicht hatten die Kollegen am Wochenende zu viel zu tun gehabt und das gute Stück noch gar nicht aus dem Lager geholt. Ich rannte also kreuz und quer durchs Lager und stellte den gesamten Laden auf den Kopf, aber nirgends war auch nur die Spur von einem Staubsauger. Ich hatte die glorreiche Idee, den Chef zu fragen. Ich rannte ins Büro.

»Chef, wo sind die Staubsauger aus der Werbung?« Er schaute mich fragend an.

»Tja, entweder auf den Tischen hinten, oder die sind schon ausverkauft. Aber ich habe auch gar keine Staubsauger gesehen. Das ist ja komisch!«

Ich fragte noch die Kassiererin, aber auch sie wusste von nichts. Ich kehrte zurück zu dem Kunden, der jetzt schon über zehn Minuten geduldig gewartet hatte. Jetzt allerdings wurde er ungeduldig und fragte forsch:

»Haben Sie ihn endlich gefunden?« Ich stand ein wenig zitternd vor ihm, weil er ja mein erster Kunde war und ich alles richtig machen wollte.

»Leider haben wir die Staubsauger nicht, oder sie sind schon ausverkauft.« Mein Gegenüber begann, die berühmte Palme hochzuklettern, und wurde lauter:

»Was soll so was? Andauernd machen Sie Werbung, und dann haben Sie die Artikel nicht da.« Ich schaute ihn an und sagte:

»Wenn ich die Werbung machen würde, dann würde ich kaum hier stehen und diesen Staubsauger suchen.« Wie sich herausstellte, war diese Antwort ein Fehler, denn nun war der Kunde ganz oben auf der Palme angekommen. Ich versuchte alles, um ihn von da oben wieder herunterzuholen, aber es war vergebens. Ich rannte nach vorne zur Kasse, um schnell einen aktuellen Werbeflyer zu holen. Auf dem Weg dorthin sprach mich noch ein weiterer Kunde an und fragte mich nach Eiern. Ich antwortete ihm kurz und knapp:

»Wenn im Regal keine mehr sind, dann sind die vermutlich noch im Huhn.« Er verstand den Witz und fing an zu lachen. Ich war in dem Moment so geladen, dass ich einfach nicht anders konnte. Ich bat den Kunden, sich einen kleinen Moment zu gedulden. Ich würde ihm umgehend helfen. Ich ging mit einen Flyer bewaffnet zurück zu meinem Staubsaugerkunden. Dessen erste Worte nach meiner Rückkehr verhießen nichts Gutes:

»Waren Sie zwischendurch zur Pause, oder warum hat das so lange gedauert?« Ich ging auf diese Frage nicht weiter ein. Ich blätterte mit ihm den Flyer durch, und wir fanden keinen roten Staubsauger in der Werbung. Wir fanden gar keinen Staubsauger. Ich fragte ihn, ob er sich vielleicht in der Woche geirrt habe. Danach wurde er richtig laut und schrie mich an:

»Halten Sie mich für bescheuert?« Ich wollte ihm auch diese Frage nicht beantworten, weil ich meinen ersten Kunden ungern

WAS SOLL SO WAS? ANDAUERND MACHEN SIE WERBUNG, UND DANN HABEN SIE DIE ARTIKEL NICHT DA!
WENN ICH DIE WERBUNG MACHEN WÜRDE, DANN WÜRDE ICH KAUM HIER STEHEN UND DIESEN STAUBSAUGER SUCHEN.

beleidigen wollte. Dann zog er einen selbst mitgebrachten Flyer aus der Tasche, und ich fing laut an zu lachen. Wie sich zeigte, war das Fehler Nummer zwei an diesem Tag. Der Kunde fand es nicht so lustig und fing wieder an, rumzuschreien:

»Das ist Betrug, was Sie machen, und das werde ich der Verbraucherzentrale melden, denn so etwas ist nicht erlaubt!« Ich sagte grinsend zu ihm:

»Ich habe mit der Sache immer noch nichts zu tun, aber versuchen Sie es doch mal im richtigen Discounter und nicht im falschen.« Der Kunde war schlagartig ruhig und frage mich kleinlaut:

»Sind Sie das denn nicht?« Ich antwortete grinsend und sicher, wie ich mir nun war:

»Doch, bis vor zehn Minuten waren wir das, aber Sie fragten mich ja vorhin, wo ich so lange war. Ich habe schnell die Schilder draußen abgebaut und neue angebracht, dann habe ich noch rasch den Laden in einer anderen Farbe gestrichen, damit wir nun ein anderer Discounter sind. Nur um Sie zu ärgern, weil ich

WENN IM REGAL KEINE EIER MEHR SIND,
DANN SIND DIE VERMUTLICH NOCH IM HUHN.

Ihnen nämlich den Staubsauger nicht verkaufen will. Ich nehme nachher alle 20 Staubsauger selber mit nach Hause, und zwar alle roten.«

Der Kunde bekam einen hochroten Kopf und verschwand ohne ein Wort der Entschuldigung aus dem Laden. Ich habe ihn danach nie wieder gesehen in unserem Laden und weiß bis heute nicht, ob er jemals seinen roten Staubsauger bekommen hat.

Ich atmete einmal tief durch und ging dann gut gelaunt zu meinem zweiten Kunden, der immer noch Eier suchte. Er hatte das Staubsaugerdebakel ganz offensichtlich mitbekommen und kommentierte:

»Sie sind ja schlagfertig, das finde ich gut. Sie müssen sich nicht alles gefallen lassen von den Kunden.« Ich zeigte ihm das Regal mit den Eiern, und er war zufrieden.

An dem Tag hatte ich nur noch freundliche Kunden, aber es war wirklich nur an diesem Tag. Es verging selten ein Tag, an dem man nicht mit der Unfreundlichkeit von Kunden zu kämpfen hatte.

3

KASSIEREN GEHT ÜBER STUDIEREN

INZWISCHEN WAR ICH EIN PAAR TAGE im Laden beschäftigt und wusste zumindest zum Teil, wo der Hase langläuft. Es war ein Donnerstag, als ich nichts ahnend zur Arbeit kam. Eigentlich war alles wie immer. Ich rechnete damit, die Fuhre zu verräumen und den Laden aufzuräumen. Meine nette Kollegin, die am selben Tag mit mir angefangen hatte, saß an der Kasse und kassierte. Wir grüßten uns herzlich. Ich ging ins Büro:

»Guten Morgen, Chef, was steht heute an?«

»Heute machen wir mal was Neues, und ich hoffe, Sie haben die Liste mit den Nummern gelernt, die Sie an der Kasse brauchen?!« Ich sah ihn an als ob ein Geist vor mir stand. Ich antwortete kurz und knapp:

»Ich habe da so ein *Nein-Gefühl*!«

»Egal«, sagte er und stand auf.

»Dann müssen Sie da jetzt durch. Sie werden heute an der Kasse von mir angelernt!«

Oh Gott, ein ganz schlimmer Traum wurde wahr. Ich würde an der Kasse angelernt werden – und das vom Chef persönlich. Er gab mir also eine Kassenlade und sagte:

»Wir fangen auch ganz langsam an: Zählen Sie bitte die Kasse!« Ich fand die Aufgabe einfach und sagte: »Eins.« Er fragte nach:

»Was meinen sie mit *eins*?« Jetzt war ich verunsichert.

»Na, ich soll die Kasse zählen, und da steht eine Kasse … also ›eins‹.«Er lachte mich aus. Ich wusste nicht, warum er lachte, denn ich war mir meiner Antwort sicher. Dort stand genaue *eine* Kasse. Er meinte allerdings, dass ich die Kasse *einzählen*, also die Scheine und Münzen *in* der Kasse zählen sollte. Ich fand das überhaupt nicht lustig und erklärte:

HEUTE MACHEN WIR MAL WAS NEUES, UND ICH HOFFE, SIE HABEN DIE LISTE MIT DEN NUMMERN GELERNT, DIE SIE AN DER KASSE BRAUCHEN?!

»Wenn Sie deutlicher sprechen würden, würden wir uns auch besser verstehen – und trotzdem habe ich recht, denn da steht nur eine Kasse! So!« Endlich wieder eine Antwort von mir, mit der er so ganz und gar nicht einverstanden war, und mein Sammelheft mit Minuspunkten füllte sich weiter. Aber um die Sache nicht noch schlimmer zu machen, entschuldigte ich mich. Ich wollte nicht schon nach wenigen Tagen komplett unten durch sein, denn ich war ja noch in der Probezeit.

Wir gingen gemeinsam zur Kasse, und er erklärte:

»Als Erstes stellen Sie die Kassenlade in das Fach.« Ich antwortete:

»Wie jetzt? Ich darf jetzt nicht damit nach Hause gehen?« Er ignorierte das und sprach einfach weiter.

»Wenn Sie Ihre Kassenlade in das Fach gestellt haben, geben Sie Ihre Kassierernummer und Ihr Passwort ein.« Das tat ich dann auch. Ich war also bereit für meinen ersten Kassiervorgang. Ich setzte ein Lächeln auf und begrüßte den ersten Kunden, der eben seinen Einkauf aufs Band gestellt hatte.

»Guten Tag.« Ich war noch ziemlich schüchtern, und der Kunde antwortete mit einem »Hallo«. Ich scannte seine Flasche Bier, sagte den Betrag, kassierte und wünschte ihm einen schönen Tag. Mein Chef stand neben mir und meinte:

»Ich sehe ja, dass Sie das können. Wenn Sie Fragen haben, wenden Sie sich an Ihre Kollegin an der anderen Kasse, die ist auch neu und hilft Ihnen.« Der Chef verschwand wieder im Büro.

Da saß ich nun, allein, einsam und von Kunden umzingelt, die wollten, dass ich sie so schnell abkassiere, als ob der Teufel hinter ihnen her wäre. Aber ohne die Liste für Obst und Gemüse geschweige denn für Brot im Kopf zu haben, ging das halt nicht so schnell. Ich erklärte es den Kunden, und viele hatten tatsächlich Verständnis; offensichtlich stand ich also unter Welpenschutz.

Der Tag neigt sich dem Ende zu, und ich wurde zur Kassenabrechnung gerufen. Ich latschte also mit meinen EC-Belegen,

Storno-Belegen und der Kassenlade ins Büro. Der Chef wartete schon auf mich.

»Dann wiegen wir mal Ihre Kasse.«

»Haben Sie denn irgendwo eine Waage?«

Er zeigt auf ein kleines Ding, das ich trotz Ausbildung vorher noch nie gesehen hatte, denn in meiner Ausbildung hatten wir das Geld per Hand gezählt.

Aber gut, ich stellte also meine Kasse auf die Waage. Inzwischen hielt mich der Chef für total bescheuert. »Nein, das Geld sollen Sie da rauflegen.« *Ach so, das kann er aber auch so sagen,* dachte ich mir. Ich lächelte und sagte:

»Weiß ich doch, war nur ein Scherz!« Ich kannte dieses Gerät leider nicht, also hatte ich schnell irgendetwas gesagt, um nicht als totaler Idiot dazustehen. Ich »wog die Kasse«, und sie stimmte. Ich hatte nicht zu viel, aber auch nicht zu wenig Geld kassiert. Ich war ein klein wenig stolz. Damit war mein erster Tag an der Kasse auch vorüber, und ich konnte mit einem ziemlich guten Gefühl nach Hause gehen.

4

SEIT WANN IST AM 24.12. WEIHNACHTEN?

Es war Heiligabend gegen 13.00 Uhr, noch eine Stunde bis Feierabend, denn der Feld-Wald-und-Wiesen-Discounter hat an diesem Tag nur bis 14.00 Uhr geöffnet.

Ich war gerade dabei, die Kühlung aufzuräumen, als ich eine Stammkundin sah, die mit einem Lächeln auf mich zukam. Aufgrund ihrer stets perfekten Dauerwelle hatte ich sie heimlich »Fräulein Goldlöckchen« getauft. Tja, ich trage ein Namensschild, die Kunden aber nicht, da muss man sich doch irgendetwas ausdenken, oder?

Da ich immer recht freundlich zu ihr war und gut mit ihr klarkam, erwartete ich, dass sie mir Frohe Weihnachten wünschen wollte, nur lag ich damit leider komplett daneben.

»Guten Tag, der Herr«, sprach sie mich an. Ich erwiderte mit einem Lächeln und sagte ebenfalls Hallo. Sie stand neben mir und schaute mir zu, wie ich leere Kartons aus dem Regal zog. Ich fragte sie:

»Ist alles gut bei Ihnen? Kann ich Ihnen helfen?« Sie sagte:

»Ja ich hoffe doch. Haben Sie noch mehr von den Schokoladenweihnachtsmännern?« Ich schaute sie erschrocken und ungläubig an. Ich hakte zur Sicherheit nach:

»Sie fragen mich eine Stunde vor Feierabend und ein paar Stunden vor Heiligabend, ob wir noch Schokoweihnachtsmänner haben?« Sie nickte freundlich und mit einem Lächeln. Ich sagte ihr, dass wir leider nur noch die Ware haben, die auf den Tischen liegt. Für mich war die Sache damit beendet, aber leider noch nicht für Goldlöckchen. Sie schaute mir noch ein wenig weiter bei der Arbeit zu. Ich blieb aber freundlich und fragte höflich noch einmal nach:

»Kann ich noch was für Sie tun«? Sie antwortete:

»Ja, können Sie mal bitte im Lager schauen, ob da noch was ist?« Um die Kundin zu beruhigen, ging ich ins Lager und schaute nach. Ich wusste natürlich, dass dort nicht mal mehr ein Krümel eines Schokoweihnachtsmanns war – aber was tut man nicht alles für seine Stammkunden. Ich kehrte mit leeren Händen aus dem Lager zu ihr zurück. Als Goldlöckchen sah, dass ich ohne Weihnachtsmann vor ihr stand, verlor sie ihr Lächeln und fragte mich mit nunmehr kratzigem Ton:

»Bekommen Sie denn noch mal was?« Ich konnte diese Frage einfach nicht ernst nehmen. Ich antwortete ihr so nett und hilfsbereit wie möglich:

»Ja sicher, ich denke, im September sollten wir wieder neue Weihnachtsmänner bekommen, aber vorher kann ich Ihnen sicher schon Schokoladenosterhasen anbieten.« Sie wurde lauter in ihrer Tonart:

»Das ist eine Frechheit, dass Sie nichts mehr haben. Ich werde mich bei Ihrem Chef beschweren!« *Nicht schon wieder,* dachte ich mir und antwortete immer noch freundlich:

»Was soll ich denn machen? Ich war im Lager und habe nachgesehen, und auf den Tischen ist leider auch nichts mehr. Aber ich verstehe Sie völlig! Ich empfinde es persönlich als Riesenfrechheit, dass Weihnachten jedes Jahr so überraschend kommt. Das kann man doch vorher mal ankündigen und nicht so von jetzt auf gleich Weihnachten machen. Wir sollten uns zusammentun und uns mal so richtig bei Frau Merkel beschweren.«

Upps, das war nicht gut. Die Kundin verlor total die Fassung und fing nun an, sich lautstark aufzuregen:

»Was denken Sie eigentlich, wer Sie sind?« Ich antwortete kurz und knapp:

»Na auf jeden Fall nicht Frau Merkel, sonst hätten wir das Problem mit Weihnachten nicht. Ich würde dafür sorgen, dass man es jedem Bürger mindestens drei Wochen vorher per Post ankündigt.«

Ich bemerkte, dass auch dies nicht die Antwort war, die sie hören wollte, und sie schrie weiter:

»Also, also …« Sie rang um Fassung und um Worte.

»Was soll ich denn jetzt machen? Ich muss doch meiner Tochter irgendwas zu Weihnachten schenken. Das geht doch nicht.« Ihr liefen Tränen übers Gesicht, und ich fragte mich, ob es nun vor Wut oder Enttäuschung war. Dann geschah wohl so etwas wie ein Weihnachtswunder: Eine ältere Dame kam auf uns zu, die ihr aus ihrem Einkaufswagen einen Schokoladenweihnachtsmann herauskramte und Goldlöckchen in die Hand drückte.

»Hier, damit Ihre Tochter auch eine Kleinigkeit bekommt.« Offenbar hatte die alte Dame den letzten Schokoladenweihnachtsmann abbekommen. Goldlöckchen setzte wieder ihr Lächeln auf, sagte »Na, geht doch« und verschwand, ohne sich zu bedanken. Die ältere Dame und ich standen sprachlos da. So viel Dreistigkeit hatte ich bisher noch nicht erlebt. Ich wünschte der älteren Dame ein Frohes Fest und ging zurück an meine Kühlung.

5

DER RAKETENMANN

MAN TRIFFT IM DISCOUNTER immer wieder merkwürdige Menschen und erlebt Geschichten, die man als Außenstehender nicht für möglich hält, so wie in der nächsten Geschichte. Es war der 28.12., der Tag, ab dem der Verkauf von Feuerwerkskörpern für die Öffentlichkeit genehmigt ist.

Menschenmassen strömen nach Ladenöffnung in das Geschäft und stürzen sich auf die Feuerwerkstische. Ich hatte an diesem Tag Kassendienst und stellte mich auf jede Menge anstrengender Kunden ein. Außer ein paar aufmüpfigen Jugendlichen, die Raketen kauften, obwohl sie wussten, dass sie das nicht durften, blieb es bis zum Mittag ruhig und friedlich. Dann plötzlich stürmte ein Kunde, der so um die Mitte 20 gewesen sein mochte, in den Laden und direkt zu mir an die Kasse. Er stand vor mir und fuchtelte mit irgendwas Undefinierbarem in der Hand vor mir herum, aber sagte nichts. Ich fragte zuvorkommend:

»Hallo, gibt es ein Problem?«

»Und ob es das gibt. Ich möchte das hier umtauschen.« Er hielt mir einen schwarzen, länglichen Gegenstand direkt vor die Nase, und jetzt erkannte ich, dass es sich um eine abgebrannte Silvesterrakete handelte. Das kam mir so absurd vor, dass ich noch einmal nachfragte:

»Sie wollen hier eine abgebrannte Silvesterrakete umtauschen?« Der Kunde sagte einfach nur: »Ja.«

Dieser Kunde schaffte etwas, was kein anderer Kunde vor ihm geschafft hatte. Ich war sprachlos, und das merkte der Kunde und sprudelte plötzlich los:

»Die habe ich hier im letzten Jahr gekauft, und die funktionierte nicht. Sie ging zwar in die Luft, aber es passierte dort nichts weiter.

Ich habe die dann am 1. Januar den ganzen Vormittag gesucht, bis ich sie endlich gefunden habe.«

Ich versuchte in dem Moment, mir die Situation bildlich vorzustellen, wie man verkatert am Neujahrsmorgen die Bürgersteine und Büsche absucht, um aus Hunderten abgebrannter Raketen die eine zu finden, die angeblich nicht funktioniert hatte. Ich stammelte nur:

»Die nehmen wir nicht zurück. Das können wir leider nicht tun.«

Damit war der Kunde aber nicht einverstanden. Er wurde sehr schnell sehr unfreundlich:

»Aber ist das nicht Ihr Versprechen, dass Sie alle Artikel gegen Vorlage des Kassenbons umtauschen?« Jetzt war mir klar, dass dieser Kunde es auf die harte Tour wollte, also legte ich los:

»Also erstens, *ich* verspreche so was schon mal gar nicht, das macht die Zentrale, und die ist 200 Kilometer weit weg. Zweitens müssen die Artikel komplett sein und nicht ein Artikel aus einer Packung, in der 20 Teile enthalten sind, und drittens … bitte entschuldigen Sie, aber hatten Sie Neujahr wirklich nichts Besseres zu tun, als diese abgebrannte Rakete zu suchen?« Jetzt war der Raketenmann sprachlos. Die Kunden hinter ihm in der Schlange an der Kasse fanden meine Antwort offenbar ziemlich lustig, was dem Raketenmann aber gar nicht gefiel. Er motzte mich weiter an:

»Sie sind das Unfreundlichste, was ich je erlebt habe.« Ich sagte ihm dann:

»Wow, und das obwohl Sie sich jeden Tag selbst erleben? Das nenne ich mal 'ne Leistung.« Er rannte in Richtung Ausgang und rief mir noch zu:

»Das wird ein Nachspiel haben.« Das hatte es bis heute nicht, und ich habe den Raketenmann auch nie wiedergesehen. Vielleicht versucht er ja bis heute, die restlichen 19 Raketen zu finden, damit er das komplette Paket doch noch umtauschen kann …

Silvester war vorbei, und damit hatte ich meine Probezeit überstanden, und das neue Jahr konnte ja nur besser werden. So dachte ich zumindest, aber daraus wurde nichts. Es wurde, die Kunden betreffend, nur noch schlimmer. Vielleicht hätte ich damals schon damit aufhören sollen zu denken?

Es war Anfang Januar, und mein Job war es, die Osterhasen auszupacken und den Osteraufbau zu machen. Viele Kunden wünschten mir ein gesundes neues Jahr – bis auf meine neue Lieblingskundin, Fräulein Goldlöckchen, die Heiligabend einen Schokoladenweihnachtsmann kaufen wollte. Da stand sie wieder vor mir und sah mir zu, wie ich Hase für Hase auf dem Tisch aufbaute. Ich hatte keine wirkliche Lust zu fragen, ob ich ihr helfen konnte, aber ich kann es auch nicht leiden, wenn man mir bei der Arbeit auf die Finger schaut. Ich überwand mich also und fragte sie:

»Guten Tag, ich wünsche Ihnen erst einmal ein gesundes neues Jahr. Was kann ich denn heute für Sie tun?« Sie bestaunte die Ostersachen, die ich aufbaute.

»Finden Sie nicht, dass das noch zu früh ist?« Diese Frage hat sie mir nicht wirklich gestellt?! Ich war von 0 auf 180 in 0,2 Sekunden und musste mich ziemlich zusammenreißen.

»Nein, finde ich nicht. Das kaufen die Kunden heute schon, damit sie zu Ostern auch sicher was haben.« Goldlöckchen glaubte mir nicht.

»Glauben Sie das wirklich? So was kauft man doch jetzt noch nicht. Ich kaufe so was immer erst zwei Wochen vorher!« Ich war fassungslos.

»Das glaube ich nicht – Sie kommen Gründonnerstag bestimmt wieder fünf Minuten vor Ladenschluss und regen sich dann auf, dass nichts mehr da ist!« Wenn Blicke töten könnten, wäre ich in dem Moment gestorben. Natürlich regte sie sich auf und wurde lauter:

»Was denken Sie eigentlich, wer Sie sind?« Diese Frage entwickelte sich bei ihr zum Stwandard.

»Na auf jeden Fall nicht Frau Merkel, aber das wissen Sie ja schon«, motzte ich zurück. Ich hatte es geschafft, und sie war ruhig. *Wie habe ich das gemacht? Ich muss mir das merken!* Sie drehte sich wortlos um, schnappte einen Schokoladenosterhasen und verschwand in Richtung Kasse. In diesem Moment klingelte meine Kollegin, damit ich die zweite Kasse besetzte. Auf meinem Weg nach vorne ahnte ich schon Böses. Ich kassierte, und Goldlöckchen stellte sich ausgerechnet bei mir an, *natürlich*. Sie war an der Reihe, und ich konnte es mir nicht verkneifen:

»Oh, jetzt schon Osterartikel? Ist das nicht ein wenig früh?« Sie bezahlte ihren Osterhasen und verschwand wortlos aus dem Laden. Mir war jetzt schon klar, dass ich sie nicht das letzte Mal gesehen hatte.

6

DIE DÜMMSTEN DIEBE DER DISCOUNTER – PLATZ 5

ES IST JA SCHON EIN WENIG KOMISCH, seine eigene *Top 5 der Ladendiebe* zu haben, aber natürlich hat das seinen Grund. Auf Platz Nummer 5 landet Miss Februar (die ich so nenne, weil diese Geschichte im Februar passiert ist). Eine Kundin, die schon ganz eindeutig einiges getrunken hatte, betrat schwankend unseren Laden. Es war nicht besonders viel los, und so konnte ich sie von der Kasse aus problemlos beobachten. Ich sah sie zum Getränkeregal wanken. Dort angekommen, ließ sie eine Flasche Bier in ihrer Handtasche verschwinden. Sie kam danach gleich zur Kasse und kaufte ein Päckchen Tabak, das sie auch brav aufs Band legte. In dem Moment betätigte ich die Klingel, um die stellvertretende Filialleiterin Claudia zu mir zu rufen. Die Kollegin kam recht zügig, und ich bat sie um einen Augenblick Geduld. Ich wollte zunächst Miss Februar abkassieren. Sie bezahlte den Tabak für 4,30 Euro mit einem 5-Euro-Schein. Ich legte ihr die 70 Cent Wechselgeld auf das Band und wusste, dass ich sie damit erwischt hatte. Miss Februar hatte ihr Bier eindeutig nicht bezahlt. Claudia erklärte ich dann:

»Ich habe gerade gesehen, dass die Kundin ein Bier in die Handtasche gesteckt hat und es nicht bezahlt hat.« Meine Kollegin guckte kritisch und fragte die Kundin:

»Darf ich mal in Ihrer Handtasche nachsehen?«

Miss Februar öffnete die Handtasche, meine Kollegin fand die Bierflasche und fragte:

»Wo kommt die denn her?«

Miss Februar sagte: »Die habe ich an der Tankstelle gekauft!« Das zumindest war, was wir verstanden hatten. Miss Februar war bereits so betrunken, dass wir nicht wirklich verstehen konnten, was sie genau sagte. Claudia ging ins Büro, um das Telefon zu holen, denn wir mussten bei jedem noch so kleinen Diebstahl die Polizei rufen. Die Kollegin war kaum außer Sichtweite, als Miss Februar losrannte. Ich war echt erstaunt, wie gut sie rennen konnte. Keine fünf Minuten vorher konnte sie kaum geradeaus gehen. Claudia kam mit dem Telefon am Ohr aus dem Büro und fragte, wo die Diebin sei.

»Du, die konnte rennen wie ein junges Reh, aber keine Sorge, das war gar kein Diebstahl.« Claudia schaute mich verdutzt an und ich erklärte:

»Ja, die ist losgerannt, ohne ihr Wechselgeld mitzunehmen. Das Bier kostet nur 68 Cent inklusive Pfand. Sie hat mir damit sogar noch zwei Cent Trinkgeld gegeben.« Claudia schüttelte ungläubig den Kopf und ging zurück an ihre Arbeit. Ich tat es ihr gleich und träumte von meinem lang ersehnten Urlaub.

7

DIE INVENTUR
(von lateinisch invenire = etwas finden, aber auch erscheinen oder ausdenken)

ICH KAM GUT ERHOLT AUS DEM URLAUB ZURÜCK, und es war an der Zeit für die regelmäßige Inventur. Beim Discounter wird dazu nicht der Laden geschlossen und Horden von Schüleraushilfen belagern die Gänge, nein, beim Discounter muss das ganz nebenbei passieren mit dem normal eingeteilten Personal. Ich zählte also, mit Zettel und Stift bewaffnet, gerade die Fertiggerichte und Tütensuppen. Jeder, der schon einmal vor so einem Regal gestanden hat, kann erahnen, was für ein Horror das ist. Es kann ewig dauern, bis man die genaue Stückzahl von *Tomatensuppe mit Eierrosetten* ermittelt hat (denn, diese sind bitte nicht zu verwechseln mit der einfachen *Tomatensuppe mit Reis*, diese aber auf keinen Fall zu verwechseln mit der *Strauchtomaten-Suppe*, die direkt neben der *Tomatensuppe Mallorca* steht – oder war es *Tomatensuppe Toscana*? *Mist! Es gibt sie beide!*). Da erscheint einem die Unterscheidung zwischen *Sonne-Mond-und-Sterne-Suppe*, *Piraten-Suppe* oder *Familien-Suppe* doch vergleichsweise leicht, auch wenn ich mich frage, welche Zutaten wohl darin sein mögen, wenn man von der logischen Theorie ausgeht, dass in einer Tomatensuppe vermutlich Tomaten verarbeitet wurden. Also bitte: Höchste Konzentration! Bei der Inventur kommt es auf Genauigkeit an. Offensichtlich wusste das auch mein Fräulein Goldlöckchen, meine »Lieblingskundin«. Sie betrat den Laden, und ich merkte sofort, dass ihr der Sinn nach Rache stand. Sie kam zu meinem Regal und schaute mir zu, wie ich mich in der Rolle des *Grafen Zahl* aus der Sesamstraße machte.

»Eine Tomatensuppe Toscana … zwei Tomatensuppen Toscana … drei Tomatensuppen Toscana … hahahahaha! (an dieser Stelle sollten Sie sich, liebe Leserin und lieber Leser, Blitz und Donner dazudenken).

Goldlöckchen nahm eine Handvoll Tütensuppen aus dem Regal und legte sie in ihren Einkaufswagen. So weit ja kein Problem, weil ich auf diese Weise weniger zählen musste. *Schön*, dachte ich. Aber dann nahm sie immer mehr, und ihr Einkaufswagen war schließlich halb voll. Ich dachte mir nichts weiter dabei und zählte fleißig weiter. Und sie räumte weiter das Regal aus. *Na ja, vielleicht gibt sie eine große Suppenparty, aber soll sie mal machen.* Dank ihrer freundlichen Hilfe war ich nun viel schneller fertig und wollte mich gerade dem Kartoffelpüree (dem, in dem schon pulverisierte Milch *und* Butter enthalten sind) zuwenden, da begann Goldlöckchen damit, die Suppen aus ihrem Einkaufswagen wieder ins Regal zu räumen. Ich dachte, ich schau nicht richtig. Meine Arbeit hier war eigentlich erledigt, aber da hatte ich die Rechnung ohne den goldgelockten Racheengel gemacht: Sie räumte seelenruhig das Regal wieder ein, was ganz klar bedeutete, dass ich wieder von vorn anfangen durfte. Hätte sie die Suppen gekauft, wäre es ja kein Problem gewesen, denn das Warenwirtschaftssystem hätte über die Kasse die Suppen aus dem Warenbestand herausgerechnet, aber jetzt musste ich alle zurückgelegten Toscanas, Mallorcas und die übrigen Tütenheißgetränke doch wieder zählen. Goldlöckchen grinste mich an:

»Damit haben Sie nicht gerechnet, gell?« Nein, hatte ich nicht, aber ich konnte es auch nicht ändern und musste wohl oder übel wieder von vorne anfangen. Um mich zu beruhigen, ging ich eine Zigarette rauchen. Als ich zurückkam, war Goldlöckchen verschwunden, und ich begann übellaunig, die Suppen erneut zu zählen. Es dauerte jedoch keine fünf Minuten, da stand sie wieder neben mir und fing wieder an, das Regal auszuräumen. Langsam wurde ich sauer, denn jetzt wusste ich ganz genau, worauf das Ganze hinauslaufen würde. Ich fragte sie: »Entschuldigen Sie, aber was soll das jetzt werden? Wie lange wollen wir dieses Spiel spielen?«

Sie schaute mich aus großen Augen vollkommen unschuldig an und säuselte:

»Was ist denn? Ich möchte diese Suppen kaufen.« Ich glaubte ihr kein Wort, konnte aber natürlich nichts machen und zählte weiter. Kaum war ich fertig, begann sie erneut damit, die Tüten wieder in das Regal zu räumen. *Das kann doch alles nicht wahr sein!* Ich konnte noch nicht einmal grob nachvollziehen, welche Sorte und wie viele davon genau sie jeweils weggenommen hatte und wieder hineinräumte, denn inzwischen waren alle Suppen durcheinandergeraten. Ein buntes Potpourri von *Piratenfamilien mit Rosettensträuchern aus Mallorca.* Ich schwor mir, ein drittes Mal würde mir das nicht passieren. Ich biss die Zähne zusammen und begann zu zählen, Goldlöckchen begann, auszuräumen. Als ich vorgab, fertig zu sein, wollte sie – allen Ernstes – wieder damit beginnen, die Tüten zurück in die Pappkartons auf dem grauen Metallboden des Warenregals zu legen. Da schnappte ich mir ihren Einkaufswagen und lief damit so schnell ich konnte bis ins Lager und schloss die Türe hinter mir. Goldlöckchen hatte ich wortlos stehen gelassen. Im Lager zählte ich schnell den Inhalt des Einkaufswagens und notierte das Ergebnis auf meinem Inventurblock. Ich jubelte: *Strike!* Wieder besser gelaunt, verließ ich das Lager und fand Goldlöckchen direkt vor der Lagertüre wartend.

»Was sollte das denn?« Ihre Frage klang erstaunlich ernst.

»Das Gleiche kann ich Sie auch fragen. Sie haben versucht, das Inventurergebnis zu beeinflussen. So was geht gar nicht«, entgegnete ich. Natürlich lief sie wieder rot an, stemmte die Hände in die Hüften und stellte ihre für solch eine Situation bereits einstudierte Standardfrage:

»Was denken Sie, wer Sie sind?« Ich hatte die Faxen gestrichen dicke, trat nah an sie heran und flüsterte ihr ins Ohr:

»Hören Sie mir jetzt bitte ganz genau zu: Ich *bin* Angela Merkel, und ich bin in geheimer Mission unterwegs. Die Welt steht kurz vor dem Untergang, und nur ich kann Sie beschützen. Und dazu brauche ich ganz genau abgezählte Tütensuppen. Es ist zu kompliziert und zu gefährlich, Ihnen die Einzelheiten zu erklären, also bitte verraten Sie mich nicht und helfen Sie mir somit, die Welt zu retten. Es darf niemand wissen, was hier vor sich geht.«

Ich werde diesen Blick nie im Leben vergessen. Aber mir war klar: Sie verstand es nicht! Sie schüttelte den Kopf und verschwand hinter einer Wand aus hochgestapeltem Orangensaft, ohne auch nur eine Suppe zu kaufen oder ihren Einkaufswagen mitzunehmen.

Mein Chef lief an mir vorbei, als ich gerade mit dem Wagen Richtung Regal unterwegs war, und sagte:

»Klein, das dauert wirklich viel zu lange bei Ihnen. Aber das ist ja auch kein Wunder, wenn Sie das Regal jedes Mal erst leerräumen, um den Inhalt zu zählen …« Ich sagte nichts mehr dazu, räumte das Regal wieder ein und konnte mich endlich in Ruhe meinem Püree widmen.

8

SCHARF WIE CAYENNE

MEIN NÄCHSTER TAG begann nicht wirklich gut. Ich hatte verschlafen und zwischen Zähneputzen und Haustürschließen gerade mal eine Tasse Kaffee trinken können. Und ich wusste, dass es in meiner Filiale noch nicht mal eine Kaffeemaschine gab. Im Halbschlaf schaffte ich es noch irgendwie pünktlich zur Arbeit und kümmerte mich mürrisch darum, Brot und Brötchen zu backen und in die Fächer zu räumen. Das Backen gelang mir in letzter Zeit tatsächlich immer besser, die Brötchen hatten eine wundersame Verwandlung von kohlrabenschwarz über tiefbraun zu bernsteinfarben durchgemacht und waren inzwischen knusprig und lecker geworden.

Dann wurde es Zeit, die Ladentür zu öffnen und die wilde Meute – auch Kunden genannt – auf mich loszulassen. Es war Ende des Monats. Zu dieser Zeit haben die Leute ihr verdientes Geld zumeist längst ausgegeben, und im Discounter herrscht demnach gähnende Leere, doch die ersten Kunden warteten bereits auf die Ladenöffnung, um ihre ersten Flaschen Bier und Schnaps zu kaufen, denn das war leider der Regelfall, morgens um acht Uhr. Ich hatte Kassendienst, was diesen Kunden die Möglichkeit gab, mich zuzutexten, ohne dass ich flüchten konnte. *Ja, das macht die Arbeit an der Kasse erst richtig interessant, wenn dir Wildfremde Dinge aus ihrem Leben erzählen, die dich grad mal gar nicht interessierten.* Es waren verrückte Geschichten, traurige Geschichten, manchmal sogar weckten sie sogar mein Mitleid, wenn die Kunden mich in den 30 Sekunden, die man im Discounter üblicherweise beim Kassieren verweilt, mit weltbewegenden Erkenntnissen wie »Ach, heute kommt mein Enkel aus Essen« oder »Wussten Sie eigentlich, dass in Potsdam Parkuhren aufgestellt werden?« unterhielten. Inzwischen war es Mittag, als ich ein lautes Auto auf den Parkplatz fahren hörte. Ich gestehe, dass ich ein kleines Interesse an Autos habe, und weil mir gerade kein Kunde die letzten Neuigkeiten aus Nairobi erzählte, nutzte ich die Gunst der halben Minute und blickte um die Ecke, um zu schauen, was für ein Wagen diesen Lärm verursachte. Ich traute meinen Augen nicht. Es fuhr ein Porsche Cayenne auf unseren Parkplatz und parkte direkt vor der Ladentür auf dem Behindertenparkplatz. *Na, erst mal abwarten, wer da aussteigt.* Von meinem Platz aus konnte ich leider nicht sehen, wer da im Wagen saß, die Sonne blendete sehr stark und spiegelte sich in der Frontscheibe des Luxusgefährts. Vielleicht war es ja ein Rentnerpaar, das sich einen Traum erfüllt hatte mit dem Porsche und das berechtigt war, auf dem Sonderparkplatz zu stehen. Ich blickte mich kurz um, niemand stand an der Kasse, und so konnte ich mir das Spektakel in Ruhe weiter ansehen. Die Tür des Porsches öffnete sich langsam, und dann sah ich als Nächstes, wie High Heels hinter der Wagentür vorlugten. Die Rentnertheorie konnte ich also vergessen. Aus den High Heels wurden lange Beine, schließlich ein dunkles Sommerkleid, und alles zusammen wurde zu einer jungen Frau von vielleicht Mitte 20, die mit einer Sonnenbrille ihr halbes Gesicht verdeckte. Sie hatte kurze blonde Haare und war unglaublich schlank. Ja, sie sah so scharf aus wie die amtierende Siegerin von *Germany's Next Topmodel.* Vielleicht war sie es sogar … ich habe diese Sendung nie gesehen, deshalb konnte ich diese Vermutung nicht mit Sicherheit ausschließen.

»Hallo, wann geht es hier mal voran?« Ich wurde aus meinen Überlegungen gerissen, denn inzwischen warteten zwei Kunden an der Kasse. Ich erwiderte kurz und knapp:

»Ich wünsche Ihnen auch einen schönen Tag.« Ich kassierte beide Kunden so schnell wie möglich ab.

Miss Germany betrat den Laden. Ich konnte nicht anders und beobachtete sie. Die junge Frau in ihrem schicken Kleid und den teuer aussehenden Schuhen passte so gar nicht zu dem Typ Kunden, der üblicherweise im Discounter einkauft. Irgendetwas war seltsam an ihr. Mir fiel ein, dass wir schon lange nicht mehr von der Zentrale kontrolliert worden waren. In unregelmäßigen Abständen wurden wir nämlich kontrolliert, ob uns beim Kassieren auch nicht entgeht, dass jemand heimlich Ware im Einkaufswagen lässt, anstatt sie aufs Band zu legen, oder teure Lippenstifte zwischen den zwölf Milchpäckchen schmuggelt. Ich rief nach meinem Vorgesetzten:

»Chef, schauen Sie mal, die Kundin dort beim Obst – könnte sie von der Zentrale sein, um uns zu kontrollieren?« Von der Kasse aus hatten wir eine gute Sicht auf Miss Germany. Aber mein Chef schüttelte den Kopf und sagte:

»Nein, die ist auf keinen Fall von der Zentrale. So schöne Frauen arbeiten da nicht.« Über Witze vom Chef musst du lachen, also lachte ich kurz, ihm zuliebe.

Als mein Boss wieder in Richtung Büro verschwand, sah ich der Frau zu, wie sie jede Tomate einzeln bestaunte, als ob sie noch nie Tomaten in »freier Wildbahn« gesehen hätte. Sie packte sich ein paar von den komischen roten, runden Dingern in den Wagen und ging weiter. Wie sie sich bewegte und wie sie sich umsah – mir kam es vor, als ob sie das erste Mal einen Supermarkt von innen sehen würde. Mir fiel das Auto wieder ein; danach zu urteilen, war sie vielleicht wirklich zum ersten Mal in einem Discounter, vielleicht sogar das erste Mal überhaupt in einem Supermarkt. Sie hielt sich sehr lange in der Obst-und-Gemüse-Abteilung auf, was mir die Gelegenheit gab, sie weiter zu beobachten. Nach etwa 15 Minuten verschwand sie schließlich aus meinem Blickfeld hinter die Regale. Ich konzentrierte mich wieder auf meine Arbeit, und die Zeit verging, bis sich Miss Germany nach gut einer Stunde an die Kasse anstellte. Ich machte mich auf alles gefasst. Sie legte ihre Einkäufe auf das Band und war außer Atem, als ob sie einen Marathon gelaufen wäre. Na gut, ich gebe zu, eine ganze Stunde in unserem Laden kann einen schon ziemlich mitnehmen, also zeigte ich Mitleid und fragte:

»Guten Tag, ist mit Ihnen alles in Ordnung? Sie atmen ja so schwer.« Sie hob ihre Sonnenbrille ein Stück nach oben und musterte mich von oben bis unten.

»Ja, Einkaufen ist tatsächlich anstrengend. Man muss durch die Gänge laufen und alles suchen, was man braucht. Dann muss man das alles in den Wagen legen, und am Ende muss man das alles auch wieder auspacken und auf das Band legen. Aber darf ich davon ausgehen, dass Sie mir das alles einpacken?« *Ja nee, iss klar!* Aber anstelle dessen sagte ich, so höflich ich konnte, weil ich mir das Lachen verkneifen musste:

»Es tut mir leid, aber diesen Service gibt es bei uns momentan nicht.« Ich konnte beim besten Willen nicht sagen, was Miss Germany glaubte, wo sie war.

»Wissen Sie, unser vielfach gelobter Einpackdienst ist zum KaDeWe abberufen worden, weil dort entsprechend ausgebildete Fachkräfte fehlen. Ich kann für Sie aber gern eine Ausnahme machen und Ihnen Ihre Ware nach dem Kassieren wieder in den Wagen legen.«

Ich versuchte trotzdem, so freundlich wie möglich zu der Frau zu sein, weil ich mir immer noch unsicher war, ob es nicht doch jemand von der Zentrale war. Ich scannte gemütlich ihre Artikel und packte sie ihr direkt in den Einkaufswagen. Wie zu erwarten war, kaufte sie das Teuerste vom Teuren.

»Das macht dann bitte 51,44 Euro.« Sie blickte kurz in meine Richtung und kramte dann in ihrer riesigen Handtasche. Ich erwartete, die erste schwarze American-Express-Karte meines Lebens live und in Farbe – nein, in Schwarz – sehen zu dürfen. Aber falsch gedacht, denn sie zog einen Zettel aus der Tasche und wedelte damit vor meiner Nase herum.

»Ich bezahle hiermit«, sagte sie triumphierend. Jeder Kunde im Laden konnte ihren Ausruf hören, und ich war mir sicher, jeder wusste auch, was das für ein *Zettel* war. Skeptisch faltete ich das bedruckte Blatt auseinander, und es war – ich hatte richtig vermutet – ein Sozialgutschein über 50 Euro. Ich überflog den Gutschein und klingelte gleichzeitig, um meinen Chef zu rufen. Ich fand die ganze Situation extrem bizarr. Als mein Chef neben mir stand, sagte ich leise zu ihm:

»Diesen Gutschein habe ich gerade von der Kundin bekommen und … ehrlich, sind wir hier bei der *Versteckten Kamera* oder was?« Inzwischen hatte sich eine kleine Schlange an meiner Kasse gebildet. Er flüsterte zurück:

»Klein, das ist ein Sozialgutschein, den müssen Sie …« Ich unterbrach ihn:

»Ich weiß, was das ist, und ich weiß auch, wie ich das in die Kasse eintippen muss … aber der Schein … die Frau …« Pragmatisch wie immer meinte mein Vorgesetzter:

»Also der Schein ist echt, aber vergleichen Sie zur Sicherheit die Daten auf dem Gutschein.« Ich wandte mich an Miss Germany und fragte freundlich:

»Könnten Sie mir bitte kurz Ihren Ausweis zeigen, damit ich die Angaben überprüfen kann?« Ohne eine Vorwarnung schrie sie mir ins Gesicht:

»Das ist eine Unverschämtheit. Können Sie das nicht diskreter behandeln? Es muss doch nicht jeder wissen, dass ich hier mit einem Sozialgutschein bezahle.« *Ähm, ja, spätestens jetzt wusste es wirklich jeder im Laden.*

»Junge Frau, ich fasse zusammen: Erstens parken Sie auf dem Behindertenparkplatz, auf dem Sie trotz Ihres schicken, neuen Porsches aller Wahrscheinlichkeit nach nicht stehen dürften. Es sei denn, Sie tragen die hohen Schuhe, weil Sie damit ein chronisches Rückenleiden kurieren müssen? Zweitens wedeln Sie jetzt vor mir und all den Kunden hier mit den Gutschein rum, damit es jeder an der Kasse mitbekommt. Und weil Ihnen das nicht reicht, schreien Sie es noch einmal laut und deutlich durch den Laden, denn hinten bei den Kühlfächern könnte es jemand ja noch nicht gehört haben. Also, *ich* bin indiskret? Finden Sie selbst den Fehler, oder soll ich Ihnen dabei auch noch helfen?«

Es war schlagartig ruhig im gesamten Laden geworden, und alle Kunden an der Kasse starrten mich an. Ich war wohl doch lauter geworden, als ich dachte. Sie knallte mir ihren Ausweis auf das Band, und die Kunden an der Kasse fingen an zu klatschen. Die junge Frau entschuldigte sich tatsächlich bei mir. Ich nahm die Entschuldigung an, kassierte den Gutschein ab und wünschte ihr noch einen angenehmen Tag. Eine Kollegin kam, um mich an der Kasse abzulösen, und mein Chef nahm mich mit zum Bäcker gegenüber. Er lud mich auf einen Kaffee ein, dafür war ich ihm mehr als dankbar! Wir diskutierten lange über die Frage, wie man sich einen Cayenne leisten konnte, aber trotzdem Sozialgutscheine erhält. An dem Tag konnten wir uns keinen Reim darauf machen. Noch nicht.

9

DER BH HINTERM KARTON

DIE NÄCHSTE GESCHICHTE PASSIERTE, während ich gerade die Werbeartikel der kommenden Woche aufbaute. Ich freute mich, denn das war endlich mal eine neue Aufgabe, die ich bis jetzt noch nie gemacht hatte. Ich besorgte mir also den Werbeflyer für die kommende Woche, um nachzusehen, was wir so hatten. Es waren mal wieder T-Shirts, Hosen, Hemden und Damenwäsche. Meine Freude war dahin, denn wenn man das aufgebaut hatte, gehörte es zu den Aufgaben der Woche, den Aufbau immer und immer wieder zu überarbeiten und – solange der Vorrat reicht – Ware nachzufüllen. Kleidung bekommen wir meistens in Folientüten eingepackt, und da sich unsere Kunden die genau anschauen wollten, rissen sie die Verpackung auseinander, um den Inhalt dann nach eingehender Betrachtung einfach auf den Tisch zu schmeißen. Und nein, es reichte nicht, dass da schon zehn ausgepackte Hosen, T-Shirts oder BHs lagen, es musste auch noch das letzte Eingepackte enthüllt werden.

Das Aufräumen kann in diesen Fällen gut einige Stunden dauern. In dieser Woche hatten wir also auch BHs und Damenunterwäsche dabei, ganz typische Dinge, die man beim Discounter kauft, aber was ich da beim Aufbau erlebte, reichte, um mich hochrot anlaufen zu lassen. Ich sortierte also eben die Waren auf die Tische, da stand plötzlich eine Mutter mit ihrer Tochter an der gegenüberliegenden Seite vom Tisch und interessierten sich für die Damenunterwäsche. Die Tochter interessierte sich allerdings mehr für ihr Handy. »Christina«, sagte sie, »komm doch mal her, ich will dir was zeigen.«

Die Tochter verdrehte die Augen.

»Wie findest du den BH?«

Die Tochter blickte für den Bruchteil einer Sekunde von dem Handy auf und maulte:

»Ja, der ist gut.« Ich räumte weiter meine Hosen ein und lauschte gespannt dem Gespräch.

»Möchtest du den BH mal anprobieren?«, fragte die Mutter.

Der Tochter blieb alles im Gesicht stehen und mir ehrlich gesagt auch. Ich fragte mich, ob ich das nur nicht richtig verstanden hatte oder sie wirklich zu ihrem Kind sagte, sie solle den BH im Laden anprobieren. Die Tochter motzte los, wie es für Teenager in dem Alter zu erwarten war:

»Boah, Mama, nein! Ich probiere doch hier im Laden keinen BH an. Weißt du, wie peinlich das ist, wenn mich jemand sieht.« Ich musste grinsen, aber ließ es mir nicht anmerken, dass ich jedes Wort mitbekam. Ich hielt mich natürlich raus, bis mich die Mutter direkt ansprach:

»Haben Sie hier irgendwo eine Umkleidekabine?« Mir wollte eine Antwort aus dem Mund sprudeln: *»Natürlich, Sie müssen gleich hinter den Nerzmänteln links in die Abteilung mit den Louis-Vuitton-Taschen, da geradeaus durch erwarten Sie unsere Schneidermeisterinnen und helfen Ihnen weiter …«* Aber stattdessen sagte ich einfach:

»Nein, leider nicht, aber Sie können die Sachen gern mitnehmen, an der Kasse bezahlen und wenn es nicht passt, mit dem Kassenbon zurückbringen.«

Ich lächelte dabei freundlich, aber irgendwie hatte die Frau es jetzt auf mich abgesehen: »Was ist das für ein scheiß Laden?« Damit hatte sie mich tatsächlich gekränkt. Ich wollte sie foppen und meinte:

»Ich kann Ihnen gern ein Stück Pappe geben, das können Sie Ihrer Tochter vor die Brust halten, dann kann sie den BH anprobieren!« Ich ging davon aus, dass ich das Thema damit beendet hatte. Ich dachte falsch, denn sie sagte:

»Ja, geben Sie mir bitte die Pappe, das können wir doch hier schnell machen.« Ich traute meinen Augen und Ohren nicht und stammelte:

»Wie bitte …?«

»Sind Sie schwer von Begriff? Geben Sie mir einen Karton dahinter kann Christine den BH doch schnell probieren.« Ich lächelte und dachte: *Na gut, dann bin ich mal nett und gebe ihr einen Bananenkarton. Der ist wenigstens unten offen, und so können die anderen Kunden auch was sehen.* Sie merkte es natürlich und tatterte los:

»Wollen Sie mich verarschen, oder sind Sie ein Spanner?«

»Lassen Sie mich überlegen … Also, ja, ich wollte Sie auf den Arm nehmen, aber Sie haben es leider gemerkt – und nein, ich will nicht spannen, denn wenn ich das tun wollte, würde ich einfach ins Büro gehen und mir das Spektakel per Videokamera anschauen.« Ich weiß nicht, was sie hören wollte, aber das war es nicht.

»Na hören Sie mal, junger Mann …« Ich fiel ihr ins Wort:

»Oh danke, Sie können aufhören zu reden, denn viel netter kann es ja bei Ihnen kaum werden.«

Gut, das hätte ich besser überdenken sollen. Ich legte diese Antwort im Gehirn unter »U« wie »unpassend« ab. Frau Mama hatte ich aber zu sehr gereizt.

»Wie reden Sie mit mir? Ich bin eine Kundin, die Sie freundlich fragte, ob Sie eine Umkleide haben. Sie müssen deshalb echt nicht frech werden zu mir.« Sie hatte natürlich recht, ganz klar, und ich erklärte ihr einlenkend:

»Sehen Sie: Wir sind ein Lebensmittelladen, und Sie können hier nicht Unterwäsche anprobieren oder gar Ihre Tochter dazu zwingen. Hier laufen viele Leute rum, die das mitbekommen. Es ist Ihrer Tochter sicher auch unangenehm, das hier zu tun, oder?« Die Tochter schaute mich mit großen Augen an und nickte.

»Wer soll ihr denn was weggucken? Sie hat doch da oben noch gar nichts, was man ihr weggucken kann.« Sie nötigte mich mit diesen Worten, ihren Nachwuchs anatomisch zu mustern, und ich kam zu einem ähnlichen Ergebnis:

»Warum um Himmels willen soll sie denn dann überhaupt einen BH anprobieren?« Wenn Blicke töten könnten … Sie flüsterte mir zu:

»Der BH ist natürlich nicht für sie, sondern für mich. Aber ich bin doch nicht bekloppt und ziehe mich hier im Laden aus, nur um zu prüfen, ob das Ding gut aussieht oder nicht!« Sie schmiss den BH wie er war ins Regal und verschwand mit den lautstarken Worten: »Unmögliches Pack, was hier rumrennt …« Ich ignorierte sie, denn so etwas bekamen wir leider öfter zu hören. Ich machte meine Arbeit zu Ende und konnte dabei nicht aufhören zu grinsen.

10

DIE POWER-OMA

NICHT JEDER, der beim Discounter einkauft, fährt mit einem Porsche Cayenne vor. Vielmehr haben wir eine Kundschaft, die den Euro nicht nur einmal umdreht. Und Menschen kommen auf die merkwürdigsten Ideen, um Geld zu sparen. So auch meine nächste Kundin: Sie fiel vor allem deshalb auf, weil sie in einem elektrischen Rollstuhl unterwegs war und gemütlich durch die Regalreihen cruiste. Sie war ein regelmäßiger Gast im Laden, und ich begrüßte sie immer freundlich, wenn sie mit ihren 2 km/h und 3 PS angedüst kam. An der Kasse hatte ich das Vergnügen zwar noch nie gehabt, aber das sollte sich heute ändern. Ich kassierte ganz in Ruhe, als ich aus dem Augenwinkel sah, wie die Roller-Oma hinten an der Kasse vorfuhr. Als sie an der Reihe war, begrüßte ich sie freundlich:

»Hallo, guten Tag, na alles gut bei Ihnen?«

»Ja, mir geht es gut, danke der Nachfrage. Und Ihnen?« Die Frage bekommt man übrigens selten gestellt als Verkäufer.

»Ja, mir geht es auch gut, danke, dass Sie fragen.« Ich freute mich wirklich und kassierte weiter. Ich packte ihren kleinen Einkauf gleich in den Korb, der vorn an ihrem Elektromobil befestigt war. Bei einer älteren Dame macht man so etwas natürlich sehr gern.

»So fertig, das macht dann 4,34 Euro, bitte.« Sie bezahlte, drückte auf den Fahrhebel am Rollstuhl und sagte: »Scheiße!«

Oje, was ist denn nun los?

»Der Rollstuhl ist leer. Ich brauche Strom«, erklärte sie.

Hilfe, was mache ich denn jetzt? Erst mal tief ein- und ausatmen.

»Wie, Sie brauchen Strom?«

»Ich komme hier ohne Strom nicht weg, der Rollstuhl ist alle und muss aufgeladen werden. Ich brauche nur eine Steckdose, denn ein Verlängerungskabel hab ich dabei.« Sie kramte in ihrer großen

Handtasche und präsentierte tatsächlich eine orangefarbene Verlängerungsschnur.

»Passiert Ihnen das öfter?«, fragte ich erschrocken.

»Ich kann den Rolli zu Hause nicht aufladen, wissen Sie, was Strom kostet? Das kann ich mir von meiner mickrigen Rente einfach nicht leisten.« Ich wusste darauf keine Antwort und hatte auch keine Ahnung, wie ich mit der Situation umgehen sollte. Ich war wirklich vollkommen überfordert.

»Sie düsen also kreuz und quer durch den Ort, und kurz bevor die Batterie leer ist, fahren Sie in den Supermarkt und lassen das Ding aufladen?« Ich schüttelte irgendwie amüsiert den Kopf.

»Nein. Es muss kein Supermarkt sein. Das geht auch in anderen Geschäften. Hören Sie, Sie können den Strom doch von der Steuer absetzen, oder nicht?«

Sie blickte mich entwaffnend freundlich an, und mir fiel nichts Besseres ein, als zu klingeln. Claudia kam und grinste schon von Weitem.

»Hallo, Frau Schmidt, sind Sie mal wieder alle? … Moment, ich schiebe Sie rüber zur anderen Kasse, dann können wir Sie in Ruhe aufladen.« Mir wurde klar, dass diese Aktion tatsächlich nicht zum ersten Mal passierte.

Da saß sie nun. Sie schaute mir die ganze Zeit bei der Arbeit zu. Ich hasse es ja, wenn ich bei der Arbeit beobachtet werde, aber mir waren die Hände gebunden. Es dauerte ganze 30 Minuten, bis sie jeden lautstark wissen ließ:

»Hallo, kann mich jemand losmachen, ich bin voll!« Ich sprang auf, stöpselte sie los und rollte ihr Kabel wieder auf. Sie fuhr hinaus ohne ein Wort des Dankes, als wäre es das Selbstverständlichste der Welt. Später am Tag fragte ich Claudia:

»Kommt das öfter vor?«

»Ja«, sagte sie, »die Dame kommt öfter. Und wenn wir sie nicht aufladen, dann bleibt sie einfach stehen und lässt sich auch nicht wegschieben. Beim ersten Mal hat sie drei Stunden lang die Kasse blockiert, und wir konnten nur an der zweiten Kasse kassieren, bis der Chef schließlich einlenkte und ihr ihre Stromration gab. Du musst hier noch viel lernen. Manche Kunden sind wirklich … speziell!«

11

OSTWIND

ES WAR EIN PAAR TAGE SPÄTER, als ich wieder Dienst hatte. Ich war dazu eingeteilt, die Fuhre zu verräumen. An jenem Tag hatte ich ja zu so etwas gar keine Lust, aber da musste ich durch. Es kam natürlich enorm viel Ware, und mir war klar, dass ich es kaum alles im Zeitplan schaffen würden. Aber das Positive am Verräumen ist, dass man sich hin und wieder vor den Kunden ins Lager flüchten konnte. An diesem Tag waren wir ausnahmsweise zu viert im Laden, ein echter Luxus. Meine Lieblingskollegin war ebenfalls eingeteilt. Sie kam wie ich aus Ostdeutschland, genauso wie die übrigen beiden Kolleginnen, die mit uns Dienst hatten. Dass uns heute ausgerechnet unsere Herkunft zum Verhängnis werden würde, damit rechnete wohl niemand. Seit nunmehr 25 Jahren steht die Mauer nicht mehr, und es hat sich einiges geändert seit damals, aber das scheint noch nicht jeder bemerkt zu haben. Zum Beispiel unser nächster Kunde. Meine Kollegin an der Kasse klingelte drei Mal. *Aha! Der Pfandautomat!* Ich trabte also zu dem plastikfressenden Monster und sah den Kunden in einem uralten Anorak dort warten.

»Hallo, was ist denn los? Wie kann ich helfen?«, fragte ich ihn freundlich. Er war ungehalten: »Kommen Sie endlich auch mal? Dieses scheiß Ding nimmt meine Flasche nicht.« Mir wehte eine herrliche Mischung aus Bier und Schnaps entgegen, und ich war begeistert. Mit so einer Begrüßung kann es ja nur spannend werden.

»Na, dann schauen wir doch mal nach, was er hat. Darf ich bitte mal Ihre Flasche haben?« – »Nein, die schmeißen Sie weg und ich bekomme mein Geld nicht!«

»Nee, viel besser: Ich brenne mit Ihrer Pfandflasche durch und werde mir eine Villa am Meer kaufen und mein Leben in Saus und Braus genießen.« Ich schüttelte grinsend den Kopf.

»Finden Sie das etwa lustig?«, fragte er mich.

»Nein, ich komme aus dem Osten, wir hatten generell nicht viel zu lachen.« Aber ich schien ihn irgendwie mit meiner Aussage gereizt zu haben, denn jetzt brach es aus ihm heraus:

»Ihr aus dem Osten seid doch alle gleich. Ihr kommt hier rüber, nehmt uns die Arbeitsplätze weg, deswegen muss ich von Hartz IV leben. Euch hätte man da nie rauslassen dürfen!« Er drängte mich dabei in eine Ecke und wedelte mit seiner Plastikflasche herum. Ich gebe zu, dass mir bei der Sache nicht ganz wohl war. Gottlob kam mir meine Kollegin zu Hilfe.

»Gibt es ein Problem?«, fragte sie.

Der Kunde drehte sich zu ihr um.

»Allerdings, ich will sofort den Chef sprechen. Der Typ hier hat mich beleidigt. Ich sei ein scheiß Wessi und ich soll mich verpissen.« Das war ja wohl die Höhe. Natürlich stritt ich das ab:

»Das habe ich nicht gesagt. Er beleidigt mich die ganze Zeit, ich sei ein scheiß Ossi.« Meine Kollegin schaute erschrocken und sprach den Kunden direkt an:

»Das kann ich mir bei Herrn Klein nicht vorstellen.« Der Anorak bemerkte in dem Moment den unzweideutigen Akzent meiner Kollegin.

»Kommen Sie etwa auch aus dem Osten?«

»Ja, aus den wunderschönen Leipzig«, sagte sie zu ihm. Aber das war eine schlechte Idee. Der Kunde drehte auf, und ich sah uns schon tot zwischen den zerdrückten Flaschen im Pfandautomaten liegen.

»Ihr scheiß Ossis seid doch alle gleich. Kommt hier rüber und klaut uns unsere Jobs.« Ich kann bei solch hirnamputiertem Geschwafel einfach nicht ernst bleiben und konterte:

»Also erst mal sind wir nicht gleich, denn sie ist eine Frau und ich bin ein Mann. Zweitens haben wir zufällig gerade eine offene Stelle zu besetzen. Also wenn Sie sich bewerben möchten, müssen Sie die Bewerbung einfach schriftlich einreichen. Ihre Chancen sind aber, glaub ich, nicht so gut. Denn wir suchen Mitarbeiter, die freundlich und sympathisch sind …« Ich glaube, das reichte. Wenn ich es nicht schon vorher war, war ich jetzt endgültig unten durch bei ihm. Er brüllte mich und meine Kollegin an:

»Sie Pack! Ich werde dafür sorgen, dass Sie Ihre Jobs verlieren und nie wieder einen Job finden werden im Westen. Sie haben hier nichts verloren. Gehen Sie dahin zurück, wo sie hergekommen sind.«

Meine Kollegin nahm mich mit ins Büro, um unseren Bezirksleiter anzurufen (der zufällig auch aus dem Osten kommt). Sie erklärte ihm in knappen Worten die Sachlage am Telefon, während sich der Kunde an die Kasse anstellte, um seinen Kram zu bezahlen. Unser Bezirksleiter fand das alles eher lustig und versicherte uns, dass wir keine Angst um unsere Jobs haben müssen, und meinte, dass wir die Polizei rufen sollen, wenn er nicht aufhörte zu pöbeln. Wir kamen gerade zurück aus dem Büro, als der Anorak gerade bei der Kassiererin stand und sie fragte:

»Kommen Sie etwa auch aus dem Osten?« Sie blickte ihn verwundert an:

»Ja, warum? Ist das ein Problem? Solange ich meine Arbeit richtig mache, ist es doch völlig egal, woher ich komme.« Auch wenn sie damit recht hatte, der Anorak sah es anders.

Ich habe natürlich keine Ahnung, was, falls überhaupt, in seinem Hirn vor sich ging, aber es hätte mich nicht gewundert, wenn er sich eine Ost-Verschwörung ausgemalt hätte, die damit ihren Anfang nahm, dass in den westdeutschen Discountern ostdeutsche Mitarbeiter Pfandautomaten infiltrierten, um mit den Erlösen nicht angenommener Pfandflaschen so viel Geld zu erwirtschaften, dass man damit das demokratische System der Republik bestechen konnte, um schließlich den Bundesadler durch die Konterfeis von Marx und Engels zu ersetzen. Wie gesagt, ich wusste es nicht, umso mehr überraschte es mich, dass er zu meiner Kollegin an der Kasse sagte:

»Na, Sie haben ja wenigstens richtige Titten, mit denen man im Bett was anfangen kann.« Mir und meiner Kollegin fiel alles aus dem Gesicht, den übrigen Kunden natürlich auch, nur unsere Kassiererin blieb ganz cool: »Junger Mann, ich kann Sie gern nach draußen begleiten, dann kann ich Ihnen mal zeigen, was der Rest von meinem Körper noch so mit Ihnen anfangen kann. Sie ticken doch nicht mehr richtig.« Damit hat der Anorak nicht gerechnet, nahm seine Flasche und verschwand relativ kleinlaut aus dem Laden. Er kam noch sehr oft zu uns einkaufen und blieb seither immer friedlich. Besonders freundlich war er stets zu meiner Kollegin an der Kasse. Nur den Pfandautomaten hat er nie mehr benutzt.

12

4 + 4 = 3

WENN MAN EINGETEILT IST, die Fuhre zu verräumen, bekommt man dafür eine Zeitvorgabe von vier Stunden für die jeweilige Lieferung. Benötigt man mehr Zeit als diese vier Stunden, ist man *zu langsam* und muss den Rest in seiner Freizeit erledigen, sprich, die zusätzliche Arbeitszeit wird nicht bezahlt. So will es die Zentrale. Es ist eine doofe Regelung, denn wenn viel Ware kommt, ist es ja von vornherein sicher, dass man umsonst arbeitet. Und ich wurde mit erstaunlicher Regelmäßigkeit eingeteilt, wenn sich viel Ware ankündigte.

Trotzdem kam ich gut gelaunt zur Arbeit und marschierte ins Büro, wo der Chef gerade über irgendwelchen Papieren brütete. Er sah kurz hoch:

»Klein, es kam einiges an Fuhre. Sie haben heute gut zu tun.«

Meine Laune sank im Sturzflug in den Keller.

»Chef, die Begrüßung üben wir beide noch mal, okay? Ich gehe noch mal raus und komme dann wieder rein.« Ich ging noch mal raus, schloss die Tür, klopfte und ging grinsend wieder rein. Er sah mich an:

»Tach Klein, es kam viel Fuhre! Sie haben heute also gut zu tun.« Er verstand es nicht, und ich erläuterte:

»Guten Tag, Chef, mir geht es gut. Danke, dass Sie nicht gefragt haben.« Warum schaffte es der Mann immer wieder, mir binnen Sekunden meine Laune zu verderben? Das passierte ja schon mit Ankündigung. Egal, dachte ich mir und fragte:

»Wie viele Paletten sind denn gekommen? Hab ich eine Chance, die Fuhre in vier Stunden zu schaffen?« Der Chef lachte mich aus.

»Sie haben doch immer die *Chance*, es in vier Stunden zu schaffen. Es ist nur ein bisschen mehr als üblich, das schaffen Sie locker …«

»Ja sicher schaff ich das, aber bestimmt nicht mehr in diesem Leben!« *Sonst alles klar?* Ich wusste, dass es vergebens war, sich aufzuregen, und beschloss, mir selbst ein Bild von allem im Lager zu machen. Und was sich dort vor mir auftürmte, war einfach nicht mehr normal. Bis an die Decke hoch waren acht Paletten mit der neuen Lieferung gestapelt, und ich fragte mich, ob ich in den Nachrichten überhört hatte, dass es eine Lebensmittelrationierung gab oder etwas in der Art. Zwei Paletten gab es an normalen Tagen. Drei Paletten kamen meistens vor dem Wochenende. Vier Paletten bedeuteten *richtig viel* Ware, und das hatte ich bislang nur einmal erlebt. Und jetzt waren es definitiv doppelt so viele Paletten wie an den Tagen, an denen viel Ware kam. Und das alles sollte ich allein in vier Stunden abpacken, einräumen und wieder aufräumen? Nie im Leben! Ich raste aus dem Lager und stürmte ins Büro. Ich war auf 180, mein Blut kochte:

»Cheffffff, das können Sie vergessen, dass ich das alles in vier Stunden schaffe. Was denken Sie sich eigentlich? Das ist Ausbeutung, was Sie mit mir machen …!!!«

Er wollte mich unterbrechen, aber ich ließ ihn nicht zu Wort kommen und ratterte weiter: »Nein, Sie brauchen sich nicht rauszureden, das bringt nichts. Ich möchte sofort den Schlipsträger sprechen, der sich den Mist ausgedacht hat. Das ist moderne Sklaverei.« Hey, diese Formulierung hatte ich neulich wirklich in den Nachrichten gehört und war stolz, sie sofort einsetzen zu können. Mein Chef machte einen erneuten Versuch, mir etwas zu erwidern:

»Jetzt bleiben Sie doch mal ganz ruhig. Sie müssen andere erst ausreden …« Ich fiel ihm wieder ins Wort:

»Nein, ich lasse hier niemanden ausreden. Warum soll ich das machen? Ich möchte die Zeit bezahlt bekommen, die ich für die acht Paletten brauche, und nicht alles in meiner Freizeit machen.«

Um meine Argumente zu unterstreichen, knallte ich bei meinen letzten Worten mit der flachen Hand auf seinen Schreibtisch.

ICH MÖCHTE SOFORT DEN SCHLIPSTRÄGER SPRECHEN, DER SICH DEN MIST AUSGEDACHT HAT. DAS IST MODERNE SKLAVEREI.

So, das war er also, mein letzter Tag hier. Eindeutig. Mein Gegenüber erhob sich ganz langsam von seinem Bürostuhl und sagte in einem für ihn sehr ungewöhnlichen, leisen Tonfall:

»Herr Klein, jetzt hören Sie bitte endlich zu und lassen mich ausreden ...« Er hob einladend die Hände und wartete ab, ob ich ihn wieder unterbrechen wollte. Ich tat es nicht, und er fuhr fort:

»Haben Sie sich die Paletten eigentlich mal näher angesehen? Von den acht Paletten, die heute geliefert wurden, sind fünf mit Saisonware bestückt. Dafür haben wir morgen extra vier Kollegen eingeteilt, die nichts anderes machen, als sich um die Saisonware zu kümmern. Für Sie sind es also gerade mal drei Paletten. Und auf einer davon ist nur Waschpulver, 60 Pakete. Die können Sie ohnehin nur zur Hälfte abpacken, denn mehr passt nicht in die Regale. Das Waschpulver und die anderen beiden Mischpaletten werden Sie ja wohl in vier Stunden schaffen.« Er machte eine Pause.

»Oder etwa nicht?« Oh mein Gott, war mir das peinlich. Ich stand mit hochrotem Kopf vor seinem Schreibtisch und wäre am liebsten im Boden versunken. Ja ich weiß, ich muss die Menschen ausreden lassen und besser zuhören, aber wenn es einmal mit mir durchgeht, gibt es auch kein Halten mehr.

Ich entschuldigte mich kleinlaut bei meinem Chef und ging an die Arbeit. Er hatte wie immer recht behalten, denn ich schaffte das Verräumen locker in vier Stunden. Ich dachte den restlichen Tag darüber nach, ob ich ihm jemals wieder in die Augen sehen können würde, oder, falls nicht, wie es dann überhaupt mit mir und dem Discounter weitergehen sollte.

13

»ENTSCHULDIGEN SIE BITTE ...«

ICH WAR DABEI, den Laden aufzuräumen. Das war eine Arbeit, die richtig Spaß machte, denn es gab keine irrwitzige Zeitvorgabe, und man fand die lustigsten Artikel in den Regalen, wie eine leere Packung Hackfleisch oder natürlich die ein oder andere leere Flasche Wodka oder Sekt. Wie es sich schließlich gehört, hatte ich meine komplette Arbeitskleidung an. Es ist natürlich Vorschrift, dass wir Arbeitskleidung tragen, damit wir von den Kunden erkannt werden und sie uns alles Mögliche fragen können, sprich, damit sie uns eben rund um die Uhr richtig auf die Nerven gehen können. Und prompt kam eine junge Frau auf mich zugerannt. Ich weiß nicht warum, aber es schien sehr dringend zu sein.

»Entschuldigen Sie bitte«, sprach sie mich mit der nettesten Begrüßung an, die man in einem Discounter hört.

»Guten Tag, ja bitte?«, entgegnete ich, und damit nahm das Drama seinen Lauf, denn sie fragte weiter:

»Arbeiten Sie hier?« Bitte *was* fragte sie? Ich stehe hier in kompletter Montur mit Polohemd und Namensschild, und sie fragt, ob ich hier arbeite? Mein Lehrer meinte einmal: Dumme Fragen bekommen von mir dumme Antworten, und so sagte ich:

»Jetzt haben Sie mich ertappt. Nein, ich arbeite hier gar nicht. Ich will den gesamten Laden heute Abend ausräumen und habe mir diese Arbeitsklamotten angezogen, damit ich nicht auffalle und besser die Belegschaft ausspionieren kann. Sie dürfen mich aber auf keinen Fall verraten, denn sonst funktioniert mein Plan leider nicht.« Sie starrte mich erschrocken an und stammelte ein »... okay ...« heraus. Sie drehte sich um und ging davon. Ich hatte ein wenig ein schlechtes Gewissen, aber es kann ja auch keiner ahnen, dass Menschen so leichtgläubig sind. Aber viel schlimmer: Sie kam kaum zwei Minuten später mit meinem Chef im Schlepptau um die Ecke, zeigte mit ausgestrecktem Arm auf mich und rief laut:

»Das ist der Dieb, der Ihren Laden ausräumen will.« Ich musste lachen.

»Bitte was? Das ist doch ein Scherz, dass Sie mir meinen Flachs geglaubt haben, oder?« Mein Chef mischte sich ein:

»Also nein, junge Frau, das ist Herr Klein, der arbeitet bei uns. Es ist hier unser Clown, und das meiste, was er sagt, meint er nicht ernst.« Ich beschloss, mich zu entschuldigen.

»Es tut mir leid, wenn ich Sie auf den Arm genommen habe. Das war nicht meine Absicht. Wirklich. Entschuldigung.« *So, Thema erledigt*, dachte ich, aber ich musste noch beim Chef antanzen, der mir zu verstehen gab, dass ich so nicht mit den Kunden reden kann.

»Na ja, Sie haben aber schon mitbekommen, dass ich es doch konnte, oder? Außerdem hat sie mich gefragt, ob ich hier arbeite! Das ist doch mehr als offensichtlich … oder finden Sie nicht?« Er brummte eine Art von Zustimmung. Entweder er hatte es nun endgültig mit mir aufgegeben, oder er meinte es ernst. Die nächsten Wochen würden wohl zeigen, dass er mich eindeutig aufgegeben hatte.

14

UNISEX

UM EINS KLARZUSTELLEN: Ich *hasse* den Pfandautomaten! Mir passierten immer wieder peinliche Sachen an diesem blöden Teil. So auch dieses Mal. Es war sicher eine der unangenehmsten Begegnungen, die ich im Laden hatte. Ich räumte mal wieder Fuhre ein und wusste, dass ich es in der vorgegebenen Zeit wie üblich nicht schaffen würde. Ich war genervt, denn ich hatte noch eine Verabredung nach Feierabend und wollte eigentlich nur schnell nach Hause. Lag das eigentlich an mir oder an der dämlichen Zeitvorgabe? Da ich immer – und ich meine wirklich *immer* – unschuldig bin, lag es ganz klar an der Zeitvorgabe.

Ich versuchte also, schneller zu werden – aber ich hatte natürlich keine Chance gegen die Zeit. Mit dieser neuen Erkenntnis im Gepäck ging ich erst einmal nach draußen, um eine Zigarette zu rauchen, denn darauf kam es jetzt auch nicht mehr an. Ich hatte kaum die Zigarette angezündet, da klingelte es drei Mal. *Super!* Ich drückte die Zigarette also aus und ging zum Pfandautomaten. Als ich um die Ecke bog, sah ich eine ältere Dame vor dem Gerät stehen, sie lehnte auf ihrem Regenschirm. Als ich noch näher kam, entdeckte ich eine weitere Person vor dem zweiten Einwurf am Automaten, die auf einen Rollator gebeugt mit dem Rücken zu mir stand. Lange graue Locken fielen auf ihre Schultern herab, und sie sah ein bisschen moppelig aus. Ich stand hinter den Kundinnen und fragte:

»Hallo, spinnt das Gerät mal wieder?« Die ältere Dame mit dem Regenschirm meinte:

»Ich glaube, der Apparat ist voll und muss leer gemacht werden.«

Ich checkte kurz die digitale Anzeige des Automaten und sah, dass ihre Vermutung zutraf.

»Ja, Sie haben recht! Ich kümmere mich sofort darum …« Die Dame mit dem Rollator ließ sich allerdings nicht beirren und steckte genüsslich eine Flasche nach der anderen in die Öffnung. Ihre Seite vom Automaten funktionierte ja auch, warum also aufhören, dachte sie sich vermutlich. Die alte Dame fuhr mich in der Zwischenzeit an:

»Brauchen Sie eine extra Einladung? Das Ding leert sich nicht von alleine, also machen Sie mal voran!« Demonstrativ tippte sie mit dem Regenschirm auf den Automaten. *Na die ist ja mal witzig!*

»Gnädige Frau, das würde ich ja gerne, aber solange die Dame mit der Gehhilfe hier nicht aufhört, weiter Flaschen einzuwerfen, kann ich das Gerät leider nicht öffnen.« Da wurde ich plötzlich von der rechten Seite angeschnauzt:

»Ich bin ein Mann und keine Frau.« Ja, das sah ich jetzt auch, und an der Stimme erkannt hatte ich es natürlich ebenso. Ich wurde knallrot, aber ich wäre ja nicht ich, wenn ich trotzdem keine Antwort hätte:

»Es ist wirklich egal, ob Sie ein Mann oder eine Frau sind! Solange Sie weiter Flaschen in den Automaten werfen, kann ich das Gerät nicht öffnen. Der Automat hat zwar zwei Einwürfe, aber nur einen Sammelbehälter.« Ich glaube, der Kunde sah das irgendwie ganz anders und knallte mir seine Plastikflaschen vor die Füße. Ich fragte:

»Wie nett! Ist das jetzt Ihre Art, mir Trinkgeld zu geben? Das darf ich nur leider gar nicht annehmen.« Er beugte sich hinunter und sammelte seine Flaschen wieder ein, steckte sie in eine Tüte und rollte zeternd aus dem Laden. Und die ältere Dame, bei ihr war ich das Geschlecht betreffend aber wirklich sicher, fuhr mich obendrein an:

»Finden Sie nicht, dass Sie sich hätten entschuldigen müssen?« Nein, das fand ich nicht und teilte ihr das auch mit:

»Sie sah von hinten wirklich aus wie eine Frau, das hätte doch jedem passieren können!« Während ich den Automaten leerte, musste ich noch eine Moralpredigt über mich ergehen lassen. Ich solle mich doch vergewissern, wer vor einem steht, ob es ein Mann ist oder eine Frau. Das gehöre sich schließlich so. Bei diesen Worten ließ ich den Flaschencontainer los und drehte mich noch einmal zu der alten Dame um.

»Nur, damit wir uns richtig verstehen: Sie schlagen also vor, ich sollte im Zweifelsfall wirklich ganz genau nachsehen …?« Sie stupste mir ihrem Regenschirm auf die Brust.

»Sie wissen genau, was ich meine, Sie Schlingel.« Hurra, zumindest mit dieser Kundin hatte ich es mir heute nicht verscherzt. Aber ganz im Ernst, was soll ich denn nun eigentlich machen, wenn ich mir wirklich nicht sicher bin …?

15

DIE DÜMMSTEN DIEBE DER DISCOUNTER – PLATZ 4

KOMMEN WIR ZU PLATZ 4 meiner dümmsten Diebe: Jeder, der schon einmal einkaufen war, kennt die Einkaufstrolleys, die oft ältere Leute dabei haben, damit sie ihre Einkäufe nicht tragen müssen. Ich hatte Kassendienst und sah den Herrn schon beim Hereinkommen. Ich hatte ein komisches Gefühl bei ihm. Ich sah zu, wie er Kartoffeln in seinen Einkaufstrolley packte. Das ist ja grundsätzlich kein Problem, manche haben halt gerade keine Euromünze parat, um sich einen Einkaufswagen zu leihen. Ja, ich betone, dass er zum Leihen ist, denn einige Kunden verstehen das leider falsch und denken, dass ihnen der Wagen nach dem Einwurf eines Euros gehört und sie damit machen können, was sie wollen. Wussten Sie, dass sich regelmäßig die Zahl der Einkaufswagen in einem Geschäft reduziert? Ich frage mich wirklich, was mit den entführten, rollenden Drahtkörben dann geschieht. Werden sie als Ersatz für Kinderwagen missbraucht oder daheim an der Wand gestapelt als Ersatz für schwedische Schrankwände? Vielleicht gibt es auch unterirdische Minen, in denen Gold oder Diamanten abgebaut werden, und die Einkaufswagen werden dort von Trollen zum Transport genutzt … Ich weiß es nicht.

Ich kümmerte mich nicht weiter um den Herrn und kassierte einfach weiter. Während mir die Kunden ihre üblichen Geschichten erzählten, was sie denn genau mit ihren Einkäufen vorhatten, sah ich den älteren Herrn im Laden herumschleichen. Aus dem Augenwinkel beobachtete ich, dass er sich einen Sechserpack Wasser und Cola in seinen Einkaufstrolley legte. *In diese Dinger passt ja ganz schön was rein!* Er machte sich auf den Weg zur Kasse, und jeder konnte sehen, dass sein Trolley prall gefüllt war. Das Gefährt bog sich schon durch und schien auch schwer zu sein. Der Kunde stellte sich an und legte eine Schachtel Zigaretten aufs Band. Ich ahnte Böses, denn der Trolley war schließlich voll. Ich hoffte inständig, dass er die eingepackten Waren ausräumen würde, aber nein, das tat er nicht. Er war an der Reihe, und ich begrüßte ihn wie jeden anderen Kunden.

»Hallo und guten Tag.« Er grummelte mich an.

»Ja, Tach!« Ich kassierte die Zigaretten.

»Das macht dann fünf Euro, bitte.« Er gab mir das Geld, und ich fragte noch:

»Möchten Sie vielleicht den Kassenbeleg mitnehmen? Nicht dass Ihnen nachher jemand unterstellt, dass Sie klauen.« Warum werden einige Leute sofort unfreundlich, wenn man sie höflich auf Sachen hinweist?

»Das wird schon keiner machen.« Er drehte sich um und wollte gerade gehen, als ich ihm hinterherrief:

»Ach, warten Sie mal bitte? Darf ich einen Blick in den Trolley werfen?« Ich wusste ja, dass der voller Diebesgut war.

»Nein, dürfen Sie nicht«, war seine lautstarke Antwort.

»Ich fürchte, dann muss ich die Polizei rufen, wenn Sie mir den Inhalt des Trolleys nicht zeigen wollen. Die Polizei müssen Sie reinsehen lassen.« In dem Moment war klar, dass er genau wusste, was gespielt wurde. Er meinte:

»Wenn Sie in meinen Trolley schauen, müssen Sie ohnehin die Polizei rufen …« Diese Aussage nahm ich zum Anlass, um nach meinem Chef zu klingeln. Der kam auch und fragte, was denn los sei.

»Chef, ich habe den Verdacht, dass der Herr geklaut hat. Er bezahlte bei mir nur eine Schachtel Zigaretten.« Er sah mich wie immer skeptisch an, und ich war mir inzwischen sicher, dass dies sein normaler Gesichtsausdruck war. Chef fragte den Kunden auch noch mal:

»Darf ich bitte mal in den Trolley sehen?« Der Herr war auf einmal sehr nett, ruhig und freundlich.

»Ja, aber natürlich.« Er öffnet den Trolley, und der war voll bis oben hin.

»Oh, das ist mir dann wohl alles reingefallen.« Ich drehte mich wieder zu ihm um.

»Also, unsere Lebensmittel sind zwar ab und zu nicht mehr ganz frisch, aber dass sie laufen oder springen können, ist mir neu.« Der Chef zischte mir zu:

»Halten Sie sich da bitte raus?« Ich schaute ihn gespielt schmollend an:

»Na Chef, wie anderen einfach etwas reinrutscht, in einen Trolley zum Beispiel, ist mir das jetzt gerade einfach rausgerutscht ...« Der Chef schüttelte verzweifelt den Kopf, sagte aber nichts mehr und führte den Dieb ins Büro. Ich erfuhr hinterher, dass er versucht hatte, Waren in einem Wert von 46,17 Euro zu stehlen.

16

TROCKENPFLAUMEN À LA HOLLYWOOD

HEUTE WAR FREITAG. Freitage bedeuten, dass wir viele neue Zeitungen und Magazine geliefert bekommen, die man in der Frühschicht nebenbei an der Kasse einräumen darf. Alle zwei Wochen ist das richtig viel, denn dann kommen noch die Programmzeitschriften dazu, bei denen man aufpassen muss, dass man die alte Ausgabe, die Angelina Jolie und Brad Pitt auf dem Cover trägt, nicht mit der neuen Ausgabe verwechselt, auf der nämlich Brad Pitt und Angelina Jolie auf der Front abgebildet sind … oder war es andersherum? Die Türen wurden gerade geöffnet, als die erste Kundin zu mir an die Kasse stürmte.

»Haben Sie die neue *tv14*?« Ich erwiderte:

»Guten Morgen erst mal, tut mir leid, so weit bin ich noch nicht gekommen, können Sie sich einen Moment gedulden?«

»Was machen Sie denn hier den ganzen Morgen, wenn Sie das noch nicht einmal geschafft haben?« *Och nöö, bitte keinen Streit am Morgen! Dazu bin ich wirklich nicht in der Stimmung.*

»Ich? Wissen Sie, ich mache hier eigentlich gar nichts. Ich stehe hier nur dumm herum und schaue aus den Fenster!« Die Antwort schien ihr Lebensbild zu bestätigen.

»Ja, das sehe ich!« Und dann rauschte sie auch schon wieder davon. Ich kommentierte die Aktion nicht weiter, denn irgendwann gewöhnt man sich daran, von den Kunden angefahren zu werden. Bis ich schließlich sämtliche Ausgaben von *Brangelina* fein säuberlich sortiert hatte, war es schließlich zehn Uhr geworden. Ich hatte eine kleine Schlange Kunden an der Kasse, und ich ließ die Finger kreisen. Es stellte sich ein Kunde an, den ich bereits häufig gesehen hatte. Er hatte eine perfide Methode, sich vorzudrängeln. Er hielt immer nur einen Artikel in der Hand, den restlichen Einkauf behielt er in einer Tüte, die er seitlich versteckt trug, damit es niemand sah. Dann sprach er die übrigen Wartenden an, ob er vielleicht vorgelassen werden könne, und hielt dabei seinen einen Artikel in die Höhe. Kaum ließ man ihn, packte er fröhlich seine restlichen Einkäufe aus der Tüte auf das Band. Bisher war er damit immer durchgekommen, doch heute sollte er zum ersten Mal auf Widerstand in Form einer älteren Dame stoßen. Sie hatte offenbar ihren Wocheneinkauf getätigt, denn ihr Einkaufswagen war randvoll. Das war seine Stunde! Der Kunde kam zur Kasse und setzte sofort an:

»Entschuldigung, können Sie mich eben vorlassen?« Dabei hob er wie üblich die Hand mit seinem einen Artikel. Man sah der Kundin an, dass es ihr eigentlich gar nicht passte, aber sie ließ sich zu einem gemurmelten »Ja« hinreißen. Der Kunde schob sich an der Dame vorbei und begrüßte mich.

»Hallo, junger Mann, sind Sie heute wieder an der Kasse?« Ich verkniff mir jegliche Art von Kommentaren, die mir durch den Kopf schossen, aber mal ehrlich, diese Art rhetorischer Fragen ist schon seltsam. Er begann, seine Artikel aus der Tüte hervorzuholen und aufs Band zu legen, und es dauerte genau 0,22 Sekunden, bis die Kundin hinter ihm seine verwerfliche Aktion mitbekommen hatte. Sie war sofort auf der Palme und schrie gleich los:

»Was soll der Scheiß? Sie haben gesagt, Sie haben nur ein Teil. Spinnen Sie etwa?« Der Kunde erschrak und zuckte zusammen, damit hatte er also nicht gerechnet. Mir war klar, dass es jetzt richtig spannend werden würde. Der *Trickbetrüger* ließ sich das nicht gefallen und brüllte zurück:

»Na, wo ist denn Ihr Problem? Bei den fünf Sachen, die ich habe, können Sie mich doch mal vorlassen. Nun machen Sie hier mal nicht so einen Aufriss!« Ich versuchte halbherzig, die beiden irgendwie zu beruhigen, und unterbrach sie:

»Hallo, geht das bitte auch ein wenig leiser? Schreien bringt uns doch auch nicht weiter.« Eigentlich war ich aber froh, dass es eine lautstarke Auseinandersetzung gab, an der ich ausnahmsweise nicht direkt beteiligt war …

»Das geht Sie gar nichts an! Ich kann so laut schreien, wie ich will«, schnauzte mich die Kundin jetzt an. *Na, dann macht ihr zwei mal.* Mir kamen Angelina und Brad wieder in den Sinn, und ich stellte mich auf den großen Showdown aus *Mr.&Mrs. Smith* ein, das Agentenpärchen, das sich gen Ende des Films im eigenen Haus mit den unmöglichsten Waffen einen Krieg auf Leben und Tod liefert. Und, hurra, jetzt drehte Angelina ganz durch.

»Sie stellen sich sofort wieder hinter mir an. So was machen Sie nicht mit mir. Sie sind doch nicht mehr ganz richtig im Kopf! Sie sagten, Sie haben ein Teil, aber in Wirklichkeit haben Sie hier einen Großeinkauf.« Ich lehnte mich im Stuhl zurück, verschränkte die Arme und schaute mir das Spektakel gemütlich von meinem Stuhl aus an und stellte fest, dass eigentlich nur Popcorn fehlte, um das Multiplex-Erlebnis perfekt zu machen. Inzwischen wurden die beiden so laut, dass sie die gesamte Aufmerksamkeit des Ladens hatten. Irgendwie erwartete ich, dass die beiden nun zu den harten Waffen greifen würden, dass Bananen sich in automatische Pistolen verwandeln und Überraschungseier sich als Handgranaten entpuppen würden.

»Sie alte Trockenpflaume, seien Sie mal ruhig! Es wird Sie nicht umbringen, wenn Sie mich vorlassen, und wenn doch, wäre es auch kein Drama.« *Der war gut.* Ich fand seinen Witz ehrlich lustig, verkniff mir aber vorsichtshalber das Lachen, ich wollte ja nicht zum Kollateralschaden werden, falls die Geschosse noch tiefer flögen. Angelina war außer sich: »Bitte was sagen Sie zu mir? Ihnen werde ich Manieren beibringen!« Sie raffte seine fünf Artikel vom Band, und jetzt war ich mir sicher, dass sie seine eigenen Waffen gegen ihn selbst richten würde. Sie hob die Artikel hoch und … knallte sie hinter ihren Einkauf aufs Band. *Ach, wie schade!* Schließlich wurde ich aber doch noch in das Gemetzel mit einbezogen. Angelina stemmte ihre Hände in die Hüften und drehte sich zu mir. Im Befehlston bellte sie los:

»So nun fangen Sie schon an zu kassieren, bevor der alte Sack sich wieder vordrängelt.« Ich hob kurz abwehrend die Hände, aber begann sofort, Angelinas Einkäufe zu scannen. Das Piepen des Scanners klang irgendwie unheilig nach einer tickenden Zeitbombe. Ich traute mich, ehrlich gesagt, nicht mehr, irgendetwas zu ihr zu sagen oder sie anzusehen, und schaute nur versteinert auf das Kassendisplay. Mir war mein Leben lieb, ich wollte heute nicht sterben, nicht hier, nicht so ... Wie durch ein Wunder überlebte ich den Kassiervorgang, und Angelina verschwand durch die Ladentür. Was mir blieb, war ein mulmiges Gefühl im Magen und im Mund ein komischer Geschmack von Popcorn und Trockenpflaumen. Brad Pitt blieb regelmäßiger Kunde und betrog auch weiterhin andere Kunden um ihren rechtmäßigen Platz in der Schlange. Für ihn war demnach zwar eine Schlacht verloren, aber längst nicht der Krieg an der Kasse.

17

ICH BIN 18, ICH SCHWÖR

ES GIBT ÜBLE STRAFEN, wenn man Alkohol oder Zigaretten an Kinder oder Jugendliche verkauft. Dies wird auch von den Behörden kontrolliert. Ich selbst wurde zwar nie überprüft, aber man muss auf der Hut sein! Und ich persönlich finde es wirklich toll, Kindern das Wochenende zu versauen. Ja, ich gestehe, ich kann ein richtig böser Mensch sein, und ich habe dabei sogar noch Spaß … An einem Samstagabend stand ein Mädchen an der Kasse an, die eine Flasche Rum kaufen wollte. Ich war mir sicher, dass sie noch keine 18 Jahre alt war. Selbst wenn man es einmal übersehen sollte, erinnert einen die Kasse mit einem quiekenden Piepen daran, dass man nach dem Alter fragen musste. Und besonders hilfreich, weil ich in Mathe eine echte Niete war, war die tagesgenaue Anzeige des Geburtsdatums, ab dem eine Person 18 Jahre alt ist. So muss man also nur noch das Geburtsdatum auf einem Ausweis mit dem von der Kasse angezeigten Datum vergleichen und sieht sofort, ob die Person jünger oder älter als 18 ist.

Ich zog den Rum über die Kasse, natürlich quiekte es, und ich fragte die junge Kundin:

»Darf ich bitte den Ausweis sehen?«

»Den habe ich nicht dabei«, sagte sie. Das war natürlich nichts Neues, das passiert abends insbesondere an Wochenenden in herrlicher Regelmäßigkeit. Ich entgegnete:

»Dann tut es mir leid, aber dann gibt es von mir keinen Rum! Kommen Sie doch einfach mit Ihrem Personalausweis wieder, und Sie bekommen die Flasche. Aber vorher nicht.« Das sah sie aber so gar nicht ein und packte den schönsten Gettoslang aus:

»Ey, Alter, ich schwör so was von, dass isch 18 bin. Mach doch mal 'ne Ausnahme, ey. Wat soll'n dat?« Ich blieb ganz ruhig und formulierte meine Worte neu in der Hoffnung, dass sie mich dann vielleicht besser verstehen würde:

»So, noch einmal: Nein! Das diskutieren wir gar nicht weiter. Ich kann Ihnen den Alkohol nicht aushändigen, wenn ich nicht sicher weiß, ob Sie 18 sind oder nicht.« Claudia lief gerade an mir vorbei, das nahm die junge Frau mit dem charmanten Deutsch zum Anlass, sie mit einzubeziehen:

»Ey, frag deine Kollegin, die kennt mich und weiß, dass ich 18 bin.« Okay, einen Versuch war es ja wert.

»Claudia, das Mädchen hier sagt, du kennst sie und weißt, dass sie 18 ist?« Claudia schaute mich mit einem schiefen Grinsen an und sagte:

»Nein, kenn ich nicht.« Aber das Mädchen diskutierte, als ob ihr Leben auf dem Spiel stehen würde.

»Sie wissen, dass ich 18 bin! Warum machst du die Scheiße?«

Ich hatte die Nase voll:

»So, Schluss jetzt! Ich weiß nicht, ob Sie 18 sind, und Sie können es nicht nachweisen, also bekommen Sie den Rum nicht. Und wir brauchen darüber auch nicht weiter zu diskutieren. Möchten Sie sonst noch was?« Die nächste Antwort machte mich beinahe sprachlos:

»Ja, ich hätte gern noch eine Schachtel Pall Mall.« Ich bewegte mich erst gar nicht in Richtung Zigaretten und fragte gleich:

»Darf ich dann bitte Ihren Ausweis sehen?«

»Ey, du weißt, dass ich den nicht dabeihabe …« Ich war leicht genervt:

»Dann sagen Sie doch nicht, dass Sie Zigaretten haben möchten. Die sind auch erst ab 18. Und das wissen Sie doch! Und nun ist es wirklich gut. Einen schönen Abend noch.« Sie schaute mich böse an:

»Dann geh ich eben zur Konkurrenz und kaufe mir das da.« Ich nickte:

»Ja gern, viel Spaß dabei, und ohne Ausweis gibt es auch bei der Konkurrenz keinen Suff oder Kippen.« Sie stampfte mit einem säuerlichen Gesichtsausdruck davon und rief mir im Hinausgehen noch ein »Arschloch« zu. Ja, das kann sein, aber es machte mir eben Spaß. Die Welt war um ein versautes Wochenende reicher, aber auch um eine gute Tat. Manchmal lässt sich Gutes und Böses eben doch kombinieren.

18

DIE SINGENDEN MÄDELS AN KASSE EINS

WOCHENTAGS SIND DIE SUPERMÄRKTE zwischen 17 und 19 Uhr besonders voll, da offensichtlich alle Menschen außer mir einen *Nine-to-five-Job* haben und noch schnell eine Kleinigkeit einkaufen wollen. Wenn dann auch noch Schulferien sind, gesellen sich zu den Horden von Arbeitern und Angestellten auch noch zahllose Jugendliche, die sich umfänglich für ihre Abendaktivitäten eindecken wollen. Es ist reizend, wenn fünf Jugendliche vor einem stehen, und jeder von ihnen hat dasselbe in der Hand: eine Tüte Chips. Natürlich will jeder seine Tüte Chips selbst bezahlen, also macht man fünfmal dieselben Handgriffe und sagt fünfmal denselben Spruch:

»Hallo, das macht dann 99 Cent.« Nummer eins bezahlt. Schon ist Nummer zwei an der Reihe.

»Hallo, das macht dann 99 Cent.« Nummer zwei hört nicht richtig zu und fragt:

»Wie viel?« Die anderen fangen an zu kichern. Der einzige nennenswerte Unterschied ist dann noch, dass Nummer drei mit einem 50-Euro-Schein bezahlt, während Nummer vier offenbar das Sparschwein geschlachtet hat und den Großteil des horrenden Betrages von 99 Cent in Kupfermünzen bezahlt. Auf diese Weise vergehen dann gut und gerne 15 Minuten, in denen man genau fünf Tüten Chips kassiert hat.

Und dann standen drei Mädchen an der Kasse. Sie kauften zwei Tüten Chips und eine Flasche Cola. Ich scannte die Artikel und sagte:

»Das macht dann 2,89 Euro bitte.« Die Mädchen sahen sich entsetzt an und fingen an zu tuscheln. Ich stellte mich auf ein »Huch, wir haben nicht genug Geld dabei« über ein »... das kann doch nicht sein!« bis hin zu »… dann müssen wir was zurückgeben« ein. Das alles hatte ich von Kunden egal welchen Alters oder Geschlechts schon häufig gehört. Aber die drei überraschten mich wirklich. Sie fingen an zu singen!

»Ich bau 'ne Stadt für dich …!«, tönte es aus ihren Hälsen. Ich traute meinen Ohren nicht, auch wenn ich eine Ahnung hatte, worauf das hinauslaufen sollte. Ich fragte:

»Mädels, echt jetzt?« Das kleinste der Mädchen wurde gleich pampig:

»Was denn? Können wir etwa nicht gut singen? Unsere Freunde sagen, wir können super singen und sollten unbedingt mal zu *Deutschland sucht den Superstar,* aber bisher haben wir uns noch nicht getraut. Alle sagen, wir können das!« Was soll man darauf sagen? Mir fiel nicht viel mehr ein, als zu sagen:

»Es macht immer noch 2,89 Euro, und das Absingen der Rechnung gibt es hier nicht! Und um deine Frage zu beantworten: Nein, ihr könnt nicht singen. Ihr solltet auch nicht zu *DSDS* gehen, denn ihr würdet kläglich scheitern.« Das gefiel der Mittleren von den dreien gar nicht, und sie startete noch einen Erklärungsversuch:

»Aber unsere Freunde sagen, es klingt super, wenn wir singen.« Ich versuchte mich in einer Dieter-Bohlen-Parodie:

»Na klar, wenn ihr singt, klingt ihr so wie ein Goldhamster, der in einer Besenkammer vergewaltigt wird. Ich würde mir an eurer Stelle neue Freunde suchen! Die Leute, die behaupten, dass ihr singen könnt, belügen euch nach Strich und Faden, und so was tun gute Freunde einfach nicht. Also von mir bekommt ihr dreimal Nein!« Und dann fügte ich in normaler Stimme hinzu:

»Und ich bekomme von euch immer noch 2,89 Euro.« Die Mädels bezahlten und gingen lachend aus dem Laden. Die nächste Kundin an der Kasse sagte anschließend zu mir:

»Mein Beileid, Sie müssen hier ja ganz schön was ertragen.« Ja, das müssen die Angestellten im Discounter wirklich, und zwar Tag für Tag.

19

ICH HAB IHNEN DA WAS HINGELEGT …

SERVICEWÜSTE DEUTSCHLAND. Dieser Begriff fällt ja immer mal wieder in den Medien und soll den Zustand unserer Dienstleistungsgesellschaft beschreiben. Kritikpunkt natürlich: der Handel. Hier sei der Kunde längst nicht mehr König, sondern vielmehr ein Opfer des kapitalistischen Systems von Angebot und Nachfrage. Klar, Brot und Wurst braucht jeder, eigentlich muss man also als Verkäufer auch nicht freundlich sein, der Kunde braucht die Waren schließlich zum schlichten Überleben. Kollegen, die eine solche Einstellung haben, gibt es vermutlich. Ich gehöre nicht dazu, und darauf möchte ich bestehen. Aber was ist, wenn nicht der Verkäufer, sondern der Kunde sich aufführt wie das Allerletzte? Habe ich dann die Pflicht, ihn dennoch als »König« zu behandeln, ihm zu schmeicheln und ihm die Stiefel zu lecken? Wenn ich an meine Ausbildung zurückdenke: Ja! Das bleibt meine Pflicht. Ob ich will oder nicht. Mit der Zeit entwickelt man allerdings Abwehrmechanismen gegen den alltäglichen Wahn, um sich selbst noch im Spiegel ansehen zu können.

Meine Methoden sind irgendwo zwischen subtil und offensiv angesiedelt, auf jeden Fall aber versuchte und versuche ich immer, mir den Spaß an der Arbeit nicht ganz verderben zu lassen. Ich gebe zu, die Servicewüste existiert, aber sie ist geprägt vom Miteinander. Vom Selbstverständnis der Kunden (*ich bin euer König, ich mach euch alle platt*) und dem Versuch von meiner Zunft, einen angemessenen Umgang zu haben mit diesen selbstherrlichen Herrschern, die ihre Einkaufswagen wie edle Schlachtrösser durch die Regalreihen führen und mich, den Untertan, den Aussätzigen, den Leibeigenen, nach Lust und Laune zu mobben. Ja, so nenne ich es inzwischen, es gibt keinen treffenderen Begriff für das, was einem tagtäglich widerfährt. Es sind übrigens selten dieselben Kunden, stets ziehen neue Könige übers Land, um Unheil zu verbreiten. Was also tun? Um im Bild zu bleiben: Ich habe mich für die Rolle des Hofnarren entschieden. Seine Freiheit, aber auch seine Kritik hält er im Witz verborgen, und dem König gefällt dies obendrein. Wird es dann doch allzu bunt, kann der Narr immer noch mit dem Glöckchen (nach dem Chef, dem Obernarren) klingeln …

Ich war zur Abwechslung mal wieder im Laden eingeteilt und sorgte für Ordnung im Kühlregal zwischen Milcherzeugnissen und Aufschnittpaketen. Nichts ahnend, sortierte ich meine Joghurts, als plötzlich eine Dame neben mir stand, eine relativ unscheinbare Frau mittleren Alters mit dunklen Haaren, die sich in leichten Locken auf ihre Schultern ergossen. Sie trug ein strenges, blasses, zweiteiliges Kostüm, und ihre braunen Augen lugten hinter einer randlosen Brille hervor, die mit einer Kette um ihren Hals befestigt war. Ich ordnete sie im Kopf irgendwo zwischen Chefsekretärin und Schuldirektorin ein. Wenn ich jetzt so darüber nachdenke, sind es doch häufig Frauen, die es auf mich absehen … Ich will auf keinen Fall alle über einen Kamm scheren, aber Männer sind beim Einkaufen wirklich unkomplizierter, nicht gestresst, höchstens genervt oder maßlos gelangweilt. Aber ich schweife ab: Die Frau stand also neben mir, und ich bemerkte aus dem Augenwinkel, dass sie mich anschaute. Ein-, zweimal versuchte ich, sie anzusehen und anzusprechen, aber jedes Mal drehte sie sich weg. *Dann eben nicht*, dachte ich mir. Sie nahm einen Joghurt aus dem Regal, hob ihn auf Kopfhöhe … und ließ ihn fallen. Ich fragte ganz nett:

»Was bitte war das jetzt?« Sie kicherte wie ein 13-jähriges Schulmädchen und sagte:

»Ich wollte unter dem Joghurt nachsehen, wie lang der noch gültig ist. Und dabei ist er mir aus der Hand gerutscht.« Sie machte große Augen und hielt ihren Kopf schief wie ein bettelnder Hund. Na gut, sie ist eine Kundin, und die wollen wir ja auf keinen Fall verärgern. Also war ich behilflich:

»Das Mindesthaltbarkeitsdatum, oder wie Sie es nennen, die Gültigkeit, steht übrigens auf dem Deckel.« Ich ging rasch ins Lager, um etwas zum Aufwischen zu holen. Als ich wiederkam, sah ich sie mit einem offenen Joghurt in der Hand.

»Und was soll das werden?« Sie kicherte wieder wie ein Schulmädchen, also lag ich mit meiner Vermutung, dass sie irgendetwas mit Schule zu tun hat, vielleicht gar nicht so verkehrt.

»Sie sagten doch, dass die Gültigkeit auf dem Deckel steht, aber da steht nichts …« Sie hielt mir die abgeleckte Innenseite des Joghurtdeckels entgegen. *Oh Gott, lass es schnell viel Gehirn regnen;* aber mit Gott hatte ich gerade Streit, also blieb mir nichts anderes übrig, als ihr das Haltbarkeitsdatum zu zeigen, auf dem Außendeckel. Ich wischte die Überreste vom ersten gefallenen Joghurt weg und brachte den Müll ins Lager. Doch als ich wiederkam, war da ein neuer Joghurtfleck. Ich kapierte es nicht, aber Frau Schulleiterin stand ja immer noch vor dem Regal, also konnte ich sie gleich fragen:

»Und woher kommt der Fleck jetzt?« Und wieder kicherte sie wie ein Schulmädchen:

»Ich habe bei dem offenen Joghurt mal auf den Boden schauen wollen und vergessen, dass er oben offen war.« *Ja, ich vergesse mich auch gleich,* aber nach einem tiefen Ein- und Ausatmen konnte ich sie beruhigen:

»Na, das kann man nicht ändern. Ich hole noch mal was zum Aufwischen.« Und nein, ich tat es nicht gern, sondern war langsam richtig genervt. Ich kam mit dem Wischmopp, putzte den Boden erneut, brachte die Utensilien und den Müll ins Lager, kam zurück zum Kühlregal, und es war wieder ein dicker, rosafarbiger Joghurtklecks auf dem Boden. Mein Ton wurde schärfer »Was soll das denn jetzt? Muss das sein, dass Sie hier alles auf den Boden werfen?« Sie nahm noch einen Joghurt aus dem Regal und ließ ihn fallen. Sie grinste mich an mit den Worten: »Hupps, ich habe Ihnen da was hingelegt …« Ich gebe zu, ich brauchte mehrere Anläufe, bis ich dieses Spiel durchschaut hatte, aber jetzt sah ich klar.

»Sie sind eine verdammte Rassistin!« Oh, das hatte ich offensichtlich so laut gesagt, dass ich nun die Aufmerksamkeit des gesamten Ladens auf mich und die Joghurtfrau gezogen hatte, die Kunden ringsum blieben stehen und schauten uns an. Das war mir egal. Ich erklärte ihr, was ich meinte:

»Ist Ihnen vielleicht aufgefallen, dass Sie ausschließlich den Erdbeerjoghurt runtergeworfen haben? Was soll denn der Pfirsich nun denken? Der hat auch Gefühle, aber nein, der wird wieder vollkommen ignoriert.« Ich fand meine Aussage ziemlich witzig und hoffte, das Theater damit beenden zu können. Aber die Joghurtfrau war offenbar noch nicht fertig, denn sie nahm noch einen Pfirsichjoghurt aus dem Regal und warf ihn auch noch auf den Boden und sagte triumphierend:

»So, nun muss keiner mehr traurig sein!« Sie rauschte ab, bevor ich noch irgendetwas tun oder sagen konnte. Auch wenn ich nie erfahren habe, warum sie das jetzt eigentlich getan hatte, ist doch eins klar: So benehmen sich nur die wahren Herrscher, die Könige in der erdbeer- und pfirsichgetränkten Servicewüste von Discount-Deutschland.

20

HABEN SIE NICHT HAUSVERBOT?

INZWISCHEN FÜHRTE ICH eine beinahe intime Beziehung mit ihr. Wir sahen uns zu dieser Zeit fast täglich und hatten meist stundenlang Spaß zusammen. Wir liebten uns innig, aber das durfte keiner wissen, denn diese Art von Liebe am Arbeitsplatz wird nicht so gern gesehen.

Beim Kassieren tippten meine Finger sanft auf die Tasten ihrer Warengruppen, ließ ich bei der Geldannahme sanft die Lade auf und zu gleiten und ab und zu neckte ich sie mit einem kleinen Storno. Wenn nicht viel los war, räumte ich um sie herum auf oder wischte genüsslich ihren Scanner und ihr Display. Sie sollte es ja gut haben mit mir. Ach so, ich spreche von meiner Kasse …

Aber wenn man doch irgendwann fertig ist mit Tippen und Wischen und Aufräumen, bleibt einem nur noch das Auffüllen der kleinen Warenkörbe rund um das Kassenband. Ich stand also mit dem Rücken zum Eingang und füllte die Körbe mit allerlei Werbeware auf. Dann wurde ich von hinten mit den Worten »Haben Sie kein Bier mehr?« angesprochen.

Wie zur Unterstreichung ihrer Worte wehte mir auch eine gänzlich unwillkommene Alkoholfahne entgegen. Aber Moment, diese Stimme kannte ich doch irgendwoher. Ich drehte mich um, und da stand sie, mal wieder vollkommen besoffen, wie wir sie kannten: Miss Februar, mein Platz fünf der dümmsten Diebe der Discounter. Ich war ein wenig verunsichert, was zu tun war, und sagte zunächst:

»Junge Frau, haben Sie nicht Hausverbot bei uns?« Die ganze Geschichte lag höchstens vier, fünf Wochen zurück, und wer bei uns klaute, bekam volle zwei Jahre Hausverbot. Wer wiederum dagegen verstieß, musste mit einer Anzeige wegen Hausfriedensbruchs rechnen. Sie war schockiert.

»Waaaas? Ich habe keine Ahnung, wovon Sie da sprechen …« Ich war fassungslos, konnte sie sich wirklich so viel Bier in den Leib geschüttet haben, dass sie sich nicht mehr erinnern konnte? Wie dem auch sei, ich tat meine Pflicht und ermahnte sie:

»Ja, Sie haben Hausverbot, weil Sie hier klauen wollten und nun verlassen sie bitte den Laden.«

»Jetzt seien Sie mal nicht so. Haben sie mein Bier noch oder nicht mehr?«

Ich verlor die Lust: »So, und nun noch mal langsam und zum Mitschreiben: Sie haben Hausverbot! Das bedeutet, dass Sie zwei Jahre nicht in den Laden dürfen. Selbst wenn wir das Bier noch hätten, würde ich es Ihnen nicht verkaufen.« Sie verstand es nicht oder wollte es nicht verstehen. Sie watschelte zum Spritregal und nahm sich irgendeine Flasche Bier. Ich gehe jetzt einfach mal davon aus, dass sie nicht damit gerechnet hatte, dass ich auch der Kassierer war, auf jeden Fall kam sie zur Kasse und legte die Flasche aufs Band.

»Junge Frau, Sie haben Hausverbot, ist das so schwer zu verstehen? Ich werde Ihnen nichts verkaufen.« Ich nahm die Flasche und legte sie zur Seite.

Aber sie ließ sich nicht beirren:

»Ich bezahle schnell die Flasche, und dann geh ich auch wieder. Ach, und mein Leergut hab ich ja auch noch.« Wird ja immer besser mit der Dame. Ich klingelte nach dem Chef, der auch sofort bei mir war.

»Was ist los?«, wollte er wissen.

»Die Dame hier hat Hausverbot und sieht das nicht ein.« Er verdrehte die Augen.

»Junge Frau, wenn Sie Hausverbot haben, dürfen Sie hier nicht rein.« Sie stellte sich dumm: »Und seit wann habe ich Hausverbot?« Mein Chef sah mich fragend an. Das durfte alles nicht wahr sein. In dem Moment betrat Claudia den Laden, und ich rief zu ihr herüber:

»Claudia, kannst du dich an die Frau erinnern?«

»Ja klar, das ist doch die, die geklaut hat und dann ganz schnell weggerannt ist.« Gut, wenigstens jemand, der alles bezeugen konnte. Die Diebin meinte:

»Na gut, dann gehe ich und kaufe mein Bier, wenn andere Leute da sind, die mich nicht kennen.« Sie grinste.

»Ach, ich weiß noch etwas Besseres …« Sie ging wieder zum Regal mit den alkoholischen Getränken und kam zu uns an die Kasse zurück.

»Wenn Ihr mir kein Bier verkauft, dann nehme ich eben eine Flasche Wein!« Mein Chef verjagte sie innerhalb einer Sekunde aus dem Laden.

Unsere Läden wurden von Videokameras überwacht. Wir druckten ein Bild von der Frau aus und hängten es ins Büro und an die Kasse mit dem Vermerk, dass diese Person Hausverbot hat. Seither musste ich also meine Kasse mit dem Bild der Diebin teilen. Unser Verhältnis war nie mehr ganz dasselbe …

21

WIE, KEINE PLASTIKTÜTEN?!

ICH STAND FÜNF MONATE vor meiner Übernahme in ein unbefristetes Arbeitsverhältnis und dachte inzwischen, ich weiß, wie es beim Discounter läuft. Irgendwann hat man doch schließlich alles erlebt, mit den Kunden, den Kollegen und den Vorgesetzten. Aber da gibt es ja noch die Zentrale. Alle sprachen immer von der Zentrale, wie von einer höheren Macht oder einem geheimen Gremium, das in einem geheimen Bunker tief unter der Erde an einem geheimen Ort … nun, sehr geheime Dinge tut, die uns letztlich doch nur das Leben schwer machen sollten. So auch an diesem Tag, als Claudia lachend aus dem Büro kam mit einem Zettel in der Hand. Sie reichte ihn mir mit den Worten:

»Hier, lies das mal, anscheinend haben die in der Zentrale am Wochenende wieder heimlich getrunken.« Ich nahm den Zettel und las:

Sehr geehrte Mitarbeiterinnen und Mitarbeiter, wir als Discounter wollen mit gutem Vorbild vorangehen und nehmen ab sofort die Plastiktüten aus unserem Sortiment. Wir wollen unsere Welt ein wenig sauberer machen. Wir führen ab sofort nur noch Papiertüten im Sortiment. Für den Fall, dass es zu Kundenbeschwerden kommen sollte, richten Sie diesen Kunden aus, dass wir es der Umwelt zuliebe tun!

Ja selbst ich musste dabei lachen. Plastiktüten waren der meistverkaufte Artikel im Discounter. Und diesen Artikel nahm die Zentrale jetzt aus dem Sortiment. Ich grinste:

»Claudia, das ist doch ein Witz, oder? Warum machen die da oben eigentlich nur Mist? Verkaufen wir Getränke demnächst direkt in den Mund, weil die Flaschen ja schließlich auch aus Plastik sind?« Claudia stellte sich das offenbar bildlich vor, denn sie bekam sich nun gar nicht mehr ein vor Lachen.

Es war noch früh am Morgen, aber die ersten Kunden warteten schon darauf, von mir abkassiert zu werden, und ich wusste, dass mir die fehlenden Plastiktüten Ärger machen würden. Der erste Kunde suchte verzweifelt, fand nichts und fragte:

»Tüte?«

Was sollte ich sagen?

»Nein danke, ich kiffe nicht«, war meine Antwort und er grinste.

»Haben Sie Plastiktüten?«, machte er seine Bitte deutlicher.

»Nein, wir haben eben die Meldung bekommen, dass wir keine Plastiktüten mehr verkaufen dürfen. Wir haben nur noch Papiertüten. Tut mir leid.« Der Kunde nahm schulterzuckend eine Papiertüte, die sich eigentlich auch viel besser zum Zigarettendrehen eignete. Insgesamt reagierten die Kunden zunächst besser, als ich erwartet hatte, und es wurde ein angenehmer Vormittag bis kurz vor Feierabend: Ein Kunde mit einem Großeinkauf stellte sich an die Kasse an. Sein Wagen war voll bis zum Rand und drüber hinaus. Er schmiss alles auf das Band, und mich beschlich gleich das Gefühl, dass der Kunde Probleme machen würde. Kaum war er fertig mit Auspacken, begann seine wilde Suche nach Tüten. Er blickte mich grimmig an und brummte:

»Wo sind die Plastiktüten?« Ich hatte ein wenig Angst, ihm die Wahrheit zu sagen, denn er machte einen wirklich schlecht gelaunten Eindruck. Aber es half nichts, ich packte meinen Standardspruch des Tages aus und begann: »Tut mir leid, wir haben heute Morgen die Mitteilung bekommen …« Er unterbrach mich »Das ist mir egal, was Sie bekommen haben, ich will Plastiktüten!!!« Ach, er suchte also Streit. »Das ist interessant, dass Sie mir das erzählen«, entgegnete ich, »denn ich will reich sein, ein schickes Auto fahren und ein Haus am Strand haben! Nur sind wir hier leider nicht bei *Wünsch-dir-was*. Dürfte ich also vielleicht meinen Satz von vorhin beenden?«

Warum gucken die Menschen eigentlich immer so erschrocken, wenn man eine passende Antwort parat hat?

»Ja klar dürfen Sie das.«

Geht doch, dachte ich mir.

»Also: Wir bekamen heute Morgen die Mitteilung, dass wir keine Plastiktüten mehr verkaufen dürfen. Wir dürfen nur noch Papiertüten verkaufen. Es tut mir leid … und, um ehrlich zu sein, ich finde das total bescheuert …« Aber das wollte er gar nicht wissen.

»Wie, Sie haben keine Plastiktüten? Was soll das denn? Dann behalten Sie Ihre Scheiße.« Er ließ seinen gesamten Einkauf auf dem Band liegen und ging. Ich sprang auf von meinem Stuhl und lief ihm bis zum Parkplatz hinterher und rief:

»Aber wir tun es doch für die Umwelt …« Er reagierte leider nicht, also ging ich rein und räumte die Sachen vom Band und legte sie zunächst in seinen Einkaufswagen, um sie später wegzuräumen.

Die »Aktion saubere Tüte« lief ganze vier Tage, dann kamen die Plastiktüten zurück in unsere Filiale – zusammen mit einer neuen Mitteilung von der Zentrale: *Sehr geehrte Mitarbeiterinnen und Mitarbeiter, aufgrund zahlreicher Kundenbeschwerden haben wir beschlossen, Plastiktüten wieder in unser Sortiment aufzunehmen …* Leider durfte ich mein Fax mit der Antwort »Hätten Sie doch einfach gesagt: ›*Wir tun es der Umwelt zuliebe*‹« nicht abschicken. Der Chef fand das zwar lustig, aber verboten hatte er es mir trotzdem …

22

DAS PASST MIR NICHT

WIE SIE, LIEBE LESER, schon bemerkt haben dürften, wurde ich inzwischen beinahe ausschließlich an der Kasse eingesetzt. Der Grund: Man hatte mich jüngst zur Schul- und Kassierkraft »befördert«. Meine Aufgabe bestand darin, neue Kollegen an der Kasse anzulernen und zu allen anderen Zeiten im Grunde nur noch zu kassieren. Damit hatte ich natürlich eine große Verantwortung und musste mich bestens mit der Kasse auskennen. Allerdings wollte ich das Erstere nie, und das Letztere konnte ich eigentlich nicht – also warum zur Hölle hatte man mich ausgewählt? Niemand konnte oder wollte mir das beantworten, aber wie dem auch war, ich musste da jetzt durch. Ich dachte mir, wenn ich beim Kassieren nur unhöflich genug bin, dann werden die mir diese neue Spezialaufgabe schon bald wieder wegnehmen … aber das klappte nicht. Was immer ich mir auch einfallen ließ, ich blieb gefangen im Schul- und Kassierkraft-Dasein.

An einem Spätnachmittag kam eine Kundin auf mich zu, die nicht zu übersehen war. Sie trug ein ausladendes geblümtes Kleid, das es aber kaum schaffte, ihre beachtliche Körperfülle zu kaschieren. Im Kopf tippte ich auf 200 Kilo Abtropfgewicht. Ich musste grinsen und fragte nach ihrem Anliegen.

»Ich möchte das hier umtauschen«, sagte sie und hielt mir eine Jeanshose vor die Nase. »Haben Sie den Kassenbon dabei?«, fragte ich, und sie antwortete triumphierend:

»Na, was denken Sie denn? Klar habe ich den dabei!« Ich nahm ihr die Hose ab und schaute mir den Zustand an, es war alles in Ordnung. Die Hose hatte die Größe S, und ich ging davon aus, dass das Kleidungsstück wohl für die Tochter der Kundin gekauft worden war. Aber das ging mich ja auch nichts weiter an, und ich klingelte nach dem Chef. Ich brauche für eine Warenrücknahme einen besonderen Schlüssel, da ich ja Geld auszahlen musste. Um das Warten zu überbrücken, übte ich mich im Small Talk und schlug, wie wäre es auch anders zu erwarten gewesen, das falsche Thema an.

»Was stimmt mit der Hose nicht?«, fragte ich und blickte die Dame freundlich an. »Die passt mir nicht«, meinte sie knapp. Ich war baff, schaute mir die Hose noch einmal an (und, oh Wunder, sie blieb eine zierliche Jeans in Größe S), und danach beäugte ich erneut die Kundin (und, welch Überraschung, auch an ihrer Körperfülle hatte sich in den letzten 30 Sekunden nichts geändert). Also konnte sie es wohl kaum ernst gemeint haben. Ich lachte über ihren Witz und fragte noch einmal:

»Nein, mal ernsthaft, was stimmt nicht mit der Hose?«

»Na, das sagte ich Ihnen doch gerade. Rede ich chinesisch?«

»Also, chinesisch vielleicht nicht, aber Sie versuchen mir zu sagen, dass Ihnen die Hose nicht passt, was ja mehr als offensichtlich ist … Oder wollen Sie mir gerade erklären, dass Sie 100 Kilo leichter waren, als Sie die Hose vor zwei Wochen gekauft haben …?« Einmal mehr hatte ich erst gesprochen und dann gedacht, aber die Situation war so absurd, dass mir auch heute, mit reichlich Nachdenken, keine bessere Antwort eingefallen ist.

Schließlich gesellte sich mein Chef zu uns, und ich erklärte ihm:

»Die Dame möchte die Hose umtauschen.«

»Was ist mit der Hose?«, wollte auch er wissen, und ich traute mich kaum, es auszusprechen. »Äh, … die passt der Dame nicht«, stammelte ich. Mein Vorgesetzter sah sich ebenfalls zunächst die Hose und dann die Dame an.

»Wollen Sie mich auf den Arm nehmen?«, fragte er, an mich gewandt.

»Was ist jetzt mit der Hose?« Die Kundin mischte sich ein und erklärte noch einmal ganz langsam und eindringlich, so als würde sie einem Vierjährigen Algebra beibringen wollen: »Diese Hose

SALE %
DIE PASST MIR NICHT.
NEIN, MAL ERNSTHAFT, WAS STIMMT NICHT MIT DER HOSE?

passt mir nicht! Was ist daran das Problem? Tauschen Sie die Jeans jetzt um oder nicht?« Sogar mein Chef musste jetzt grinsen, und ich wusste, ich war nicht der Einzige, der die versteckten Kameras suchte, denn das alles konnte doch nur ein großer Scherz sein. Aber da war keine Kamera, ich zahlte ihr die 7,99 Euro aus, und sie verschwand mit den Worten »Unfreundliches Pack!« aus dem Laden.

Ja, und das war mein letzter Kundenkontakt, den ich in diesem Laden hatte. Ich wurde versetzt, musste von nun an 30 Minuten mit dem Auto zur Arbeit fahren, und mein Chef gab mir einen letzten Rat:

»Sie kommen ja so gut mit den Kunden klar, das ist wichtig. Denn in dem neuen Laden sind die Kunden noch um einiges spezieller.« Ich hatte zu diesem Zeitpunkt noch keine Ahnung, was er damit meinte …

23

WER HAT ANGST VORM SCHWARZEN MANN?

MEIN ERSTER TAG IM NEUEN LADEN. Es war Montag früh um 5.30 Uhr, als ich auf den menschenleeren Parkplatz einbog. Im Laden brannte noch Notlicht, und ich sah im Dämmerlicht ausnahmslos leere Regale, ansonsten war es stockdunkel und ein wenig unheimlich. Ich kam mir vor wie in einer Geisterstadt im Wilden Westen, es fehlten eigentlich nur noch Strohkugeln, die vom Wind über den Parkplatz gerollt wurden, um die Szenerie perfekt zu machen. Auch in den Häusern ringsum brannte kein Licht. *Natürlich nicht, um diese Uhrzeit*, sagte ich zu mir, um mir selbst Mut zu machen. Ich zündete mir eine Zigarette an und blickte in 5-Sekunden-Abständen auf meine Uhr. Die müssten doch alle längst hier sein. Schließlich wartete der Laden nach einem fünfwöchigen Komplett-Umbau darauf, endlich wieder mit Ware befüllt zu werden. Nächste Woche war Wiedereröffnung, da gab es noch viel zu tun …! Ein leises Summen und Vibrieren riss mich aus den Gedanken, mein Handy meldete sich in meiner Tasche. Es war mein neuer Chef, der mir mitteilen wollte, dass er erst in zehn Minuten da sein würde, auf der Autobahn hatte es wohl einen Unfall gegeben, und er hatte im Stau gestanden.

Mir blieb nichts übrig, als weiter zu warten. Ich sehnte mich nach einem heißen Kaffee, aber um diese Uhrzeit gab es hier in dem kleinen Vorort absolut keine Chance. Schließlich sah ich Scheinwerfer die Straße hinauf leuchten, und tatsächlich bog kurz danach ein Auto auf den Parkplatz. Und keine halbe Minute später ein weiteres und schließlich noch ein dritter Wagen, als hätten sie sich verabredet, gemeinschaftlich zu spät zu kommen, um mich allein der Dunkelheit zu überlassen.

Der Chef sperrte den Laden auf und schaltete die Beleuchtung an. Und damit verwandelte sich auch die ehemalige Geisterstadt in einen ganz normalen Laden, der nach frischer Farbe roch und blitzblank geputzt war. Alles war neu und ja, sogar schön. Keine von Einkaufswagen abgestoßenen Ecken, keine ramponierten Säulen, irgendwie war es … perfekt. Ich beschloss, mir beim Einräumen viel Mühe zu geben, damit nicht gleich bei der Eröffnung alles schon wieder in den optischen Normalzustand eines 08/15-Discounters geriet.

So standen wir schließlich alle gemeinsam vorn am Kassenbereich, wo der Chef gerade die Aufgaben des Tages verteilte. Es war vielleicht fünf nach sechs Uhr und die Sonne kämpfte sich gerade durch den Nachthimmel, um den neuen Tag einzuläuten, als es an der Tür klopfte. Ich erschrak und drehte mich Richtung Tür. Dort stand ein Mann, vielleicht Mitte 30 und mit einem dunklen Mantel bekleidet. Mein Chef ging zu ihm, öffnete die Automatiktür einen Spaltbreit und erklärte dem frühen Besucher, dass wir noch geschlossen hatten und erst in einer Woche öffnen würden. Eigentlich war es ja nicht so, dass diese Information nicht offensichtlich war: Ein großes Banner wehte über der Straße, ein weiteres am Parkplatz, und ein drittes großes Banner hing gut beleuchtet über der Tür, dazu noch sechs Infozettel an der Türe. Der Mann in dem schwarzen Mantel verstand es nicht. Ganz offensichtlich wollte er unbedingt in den Laden. Mein Chef öffnete die Tür ein Stück weiter und startete einen weiteren Erklärungsversuch:

»Wir haben leider noch geschlossen. Wir öffnen erst kommenden Montag wieder.« Unser Vorgesetzter wollte die Türe gerade wieder schließen, als der Mann seinen Fuß in den Spalt schob und mit einer enorm tiefen Stimme sagte:

»Ich brauche doch nur zwei Bananen …« Eine Kollegin tuschelte, ob wir womöglich in der Zeit zurückgereist und in der DDR gelandet waren. Wie sonst ließe sich die große Not, morgens um sechs Uhr dringend Bananen ergattern zu wollen, erklären? Wir kicherten leise, während mein Chef mit Engelsgeduld die Sachlage zum dritten Mal erklärte:

»Guter Mann, wir öffnen erst in einer Woche, wir haben leider noch keine Bananen da, und selbst wenn, könnte ich Ihnen diese ohnehin nicht verkaufen, weil unsere Kassen noch nicht angeschlossen sind.« Mein Chef passte den Moment ab, in dem der Mann seinen Fuß zurückzog, schloss rasch die Türe und ließ den Mann hinter der Glasscheibe einfach stehen.

Was als Nächstes geschah, war wirklich gruselig: Der schwarze Mann begann, langsam an die Scheibe zu klopfen. Für gute fünf Minuten versuchten wir, das Klopfen zu ignorieren, aber dann wurde es meinem Chef zu viel, weil er unsere Besprechung einfach nicht in Ruhe zu Ende bringen konnte. Also ging er erneut zur Tür, öffnete sie noch einmal und sagte in einem unglaublich freundlichen Ton:

»Wir haben geschlossen. Wir haben keine Bananen. Und nun möchte ich Sie bitten, das Grundstück zu verlassen.« Und mir dämmerte langsam, was mein Exchef mit der Aussage »spezielle Kunden« meinte. Die Türe ging wieder zu, und der Kunde begann sofort wieder, an die Scheibe zu klopfen. Diesmal aber erhöhte er das Tempo.

»Bitte beachtet den Mann nicht weiter; der wird aufhören, wenn er merkt, dass wir ihn ignorieren«, sagte er im Zurückkommen.

»Oder er klopft so fest, dass die Scheibe bricht …«, sagte ich dazu. Mein Chef grinste mich an: »Ja, da haben Sie recht, das wäre wohl möglich. Aber dann kann er sich selbst davon überzeugen, dass wir keine Bananen haben.« Nun lachten wir alle. Der schwarze Mann pochte weiter energisch an die Tür. Es schien ihn sichtlich zu stören, dass er ignoriert wurde. Mein Chef zückte sein Handy, hielt es in Richtung des aufdringlichen Klopfers und sagte so laut, dass der Mann es auch durch die geschlossene Türe verstehen musste: »PO-LI-ZEI.« Meine Kollegin gab mir einen kleinen Stoß und meinte:

»Das ist ein Scherz, was er da gerade macht, oder?« Alle blickten zur Tür und sahen das Unfassbare. Der Mann mit der tiefen

Stimme und dem schwarzen Mantel hatte begonnen, die Scheibe abzulecken. Ich traute meinen Augen nicht. Mein Chef rannte zur Tür, öffnete sie und fragte fassungslos:

»Was bitte soll das werden, wenn es fertig ist?« Der Kunde zuckte mit den Schultern und sagte völlig selbstverständlich:

»Ich verwische meine Spuren. Ich will doch keine Fingerabdrücke hinterlassen, falls Sie die Polizei rufen. Und ich habe nichts weiter dabei, um die Fingerabdrücke abzuwischen …«

Das konnte nur ein Witz sein. Während meine Kollegen und ich nur fassungslos mit offenen Mündern dastanden, setzte mein Chef nach:

»Machen Sie, dass Sie hier wegkommen …« Erneut hob er sein Handy hervor und drückte drei Tasten. Endlich hatte der schwarze Mann verstanden und rannte los, als ob er auf der Flucht wäre. Mir wurde klar, es gibt freundliche und nette Kunden, es gibt anstrengende Kunden, es gibt aggressive Kunden, und es gibt »spezielle Kunden«. Der Herr eben war ganz offensichtlich einer der letzten Kategorie. Schließlich konnten wir aber unsere Besprechung beenden und scherzten letztendlich über den Vorfall. Und zum Glück kamen die Fensterputzer erst einen Tag vor der Eröffnung.

24

NA, SIE HABEN JA AHNUNG!

AN EINEM WARMEN MORGEN, der einen recht heißen Sommertag versprach, machte ich mich gerade daran, frisches Obst und Gemüse einzuräumen. In dieser Woche waren Erdbeeren in der Werbung, und ich hoffte, dass am Abend noch eine Schale für mich übrig war, denn ich liebe Erdbeeren!

Allerdings standen meine Chancen nicht allzu gut, denn Werbeartikel sind immer diejenigen, die meist schon mittags vergriffen sind. Manche Kunden kommen ausschließlich in den Laden, um Werbeartikel zu ergattern, alles Übrige beachten sie gar nicht weiter. Ich überlegte gerade, ob ich bessere Chancen hätte, wenn ich die Werbeetiketten für die Erdbeeren am Regal entfernen würde, als eine ältere Dame auf mich zukam und fragte:

»Was kosten denn die Erdbeeren?« Ich antwortete ihr wahrheitsgemäß:

»Ein Kilo kostet 3,98 Euro.« Sie sah mich entsetzt an und deutete dann auf das Preisschild für die roten Früchte:

»Da steht aber 1,99 Euro.« Ich wollte mich vergewissern, dass ich keinen Blödsinn erzählte, und schaute sicherheitshalber auf das Schild. Sie hatte recht:

»Ja, da steht 1,99 Euro für 500 Gramm. Ich habe Ihnen den Kilopreis genannt.« Ich lächelte sie freundlich an und ging zurück zu meinen Kartoffeln. Sie stand ratlos vor den Erdbeeren und murmelte:

»Ne, das ist mir zu teuer. Für ein Kilo 3,98 Euro ist ja okay, aber 500 Gramm für 1,99 Euro finde ich zu viel.« Ich war nicht ganz sicher, ob die alte Dame mich auf den Arm nehmen wollte, aber ich setzte zu einer Erklärung an:

»Es ist doch dasselbe …« Sie fiel mir ins Wort und lachte:

»Manchmal ist man auch zu blöd. Es ist doch dasselbe. Sie müssen ja auch denken, dass ich bescheuert bin.« Ich verneinte ihre Vermutung natürlich, und sie packte schließlich eine Schale Erdbeeren in ihren Wagen und verschwand in den Tiefen des Ladens. Jedes Mal, wenn ich sie später wieder beim Einkauf traf, grinste sie mich an, und manchmal wurde sie auch leicht rot im Gesicht. Süß!

Ich räumte weiter mein Obst und Gemüse ein, als ich eine Kundin rufen hörte:

»Junger Mann, können Sie mir helfen?« Wow, wenn man so nett um Hilfe gebeten wird, dann helfe ich doch gern:

»Ich komme«, sagte ich und lief zu der Frau.

»Was kann ich für Sie tun?« Sie erklärte mir ihr Problem:

»Also, ich möchte einen Kuchen backen und hätte gern frische Erdbeeren dafür.« Ich nickte und sagte ihr:

»Ja, Erdbeeren haben wir hier, die sind auch im Angebot für 3,98 Euro das Kilo.«

»Das ist ja schon mal ein nettes Angebot. Wie viele brauche ich denn wohl für einen Kuchen, und halten die sich auch bis morgen?« Ich habe mir angewöhnt, Kunden immer ehrlich zu behandeln. Glückliche Kunden kommen wieder, Kunden, denen irgendein Mist aufgeschwatzt wurde, bleiben ja häufiger fern.

Ich habe zwar nicht allzu viel Ahnung vom Backen, aber ich versuchte es einfach mit normalem Menschenverstand:

»Es kommt schon darauf an, was für einen Kuchen Sie backen wollen und ob Sie ganze oder eher halbe Erdbeeren auf den Kuchen machen wollen. Wenn Sie ganze Erdbeeren bevorzugen, sollten Sie ein Kilo nehmen, bei halben reicht sicher auch ein halbes Kilo, je nachdem, wie Sie die Erdbeeren verteilen. Und was die Haltbarkeit betrifft: Wenn Sie die Erdbeeren kühl und dunkel lagern, beispielsweise im Kühlschrank, dann halten sie sich ohne Probleme ein paar Tage. Sie können aber auch gern morgen nochmals herkommen und sich ganz frische holen.« Sie lächelte mich freundlich an und vergewisserte sich:

»Bekommen Sie denn morgen frische Ware?« Da hatte sie mich erwischt.

»Wir bekommen sicher frische Ware, aber ob wir ausgerechnet morgen Erdbeeren dabeihaben, kann ich leider nicht hundertprozentig versprechen. Wir bestellen sicherlich neue Erdbeeren, aber es kann natürlich Lieferengpässe oder Falschlieferungen geben usw.« Sie grübelte eine Sekunde und entschied sich schließlich:

»Okay, dann nehme ich sicherheitshalber heute welche mit!« Ich suchte mit ihr zwei Schälchen heraus und wiederholte meine Empfehlung:

»Wenn Sie die beide heute kaufen und in den Kühlschrank stellen, halten die sich locker bis morgen.« Sie bedankte sich für meine Hilfe und sagte noch: »Ich bin überrascht, dass hier mal jemand Ahnung hat, das habe ich im Discounter nicht erwartet. Ich wünsche Ihnen noch einen schönen Tag.« Ich war ein Stück glücklicher darüber, dass ich wieder einem Kunden helfen konnte, und räumte weiter meine Ware ins Regal. Aufgrund meiner eingehenden Erdbeer-Beratungen an diesem Tag hatte ich es allerdings geschafft, im Laufe des Vormittags sämtliche Erdbeeren zu verkaufen. Ich ging leer aus, na, vielleicht hatte ich ja morgen mehr Glück.

25

FEUCHTER ALBTRAUM

EKELT SICH NICHT JEDER VOR IRGENDETWAS? Bei dem einen sind es Schlangen, andere bekommen Panikattacken bei Ratten und Mäusen. Ich mag ja eigentlich keine Spinnen. Die kleinen sind natürlich okay, aber je größer und behaarter sie werden, desto widerlicher finde ich sie. Bei dem, was mir aber passiert ist, bin ich sicher, dass sich wirklich jeder angewidert umdreht, denn mir kann niemand erzählen, dass er solch ein Verhalten in irgendeiner Form als angenehm empfindet. Es war der Samstag der ersten Wochen nach der Wiedereröffnung des neuen Ladens. Natürlich kannte ich die neue Kundschaft noch nicht so gut wie im alten Laden und wusste somit auch nicht, was an weiteren Überraschungen auf mich wartete.

Es war ein erstaunlich ruhiger Tag für einen Samstag, ich lümmelte mich auf meinem Kassenstuhl herum und beobachtete die Kunden. Man wusste ja nie, was passieren konnte. Diebstähle waren praktisch an der Tagesordnung, Überfälle waren mir zwar noch nicht widerfahren, aber man musste dennoch auf der Hut sein.

Die Automatiktüren öffneten sich, und ein Kunde betrat den Laden. Ich checkte ihn kurz ab, Jeans, schwarze Jacke, Dreitagebart. Ich hatte den Herrn noch nie gesehen, aber in der »Kundenschublade« in meinem Kopf legte ich ihn unter »harmlos« ab und beachtete ihn zunächst nicht weiter. Ein paar andere Kunden kamen zum Bezahlen vorbei, und ein paar Minuten vergingen, als sich Mr Harmlos an die Kasse anstellte. Er legte seine Artikel aus dem Einkaufswagen auf das Band, schaute mich kurz an, sagte aber kein Wort. Ich scannte seinen Einkauf der Reihe nach und nannte ihm die Summe:

»Das macht dann 23,46 Euro bitte.« Er lächelte mich an, machte aber keine Anstalten zu bezahlen. Stattdessen schob er seinen

Wagen zur Seite und stellte sich neben mich an die Kasse. Er sah mir in die Augen, und jetzt rechnete ich mit allem. Ich muss mich korrigieren, ich rechnete mit *fast* allem, denn was dann passierte, war einfach nicht vorherzusehen: Mr Harmlos beugte sich über das Band, öffnete seinen Mund, und ich musste mit ansehen, wie in dünnen Fäden Speichel aus seinem Mund auf das Band und den Scanner tropfte. Auf Deutsch: Er sabberte mit voller Absicht auf die Kasse. Ich war geschockt, angeekelt und zugleich überrascht, dass es gar nicht aufhören wollte, aus seinen Mundwinkeln zu rinnen. Ich kämpfte gegen einen heftigen Würgereiz und den Drang, aufzuspringen und an die frische Luft zu laufen, aber irgendetwas hielt mich zurück, und ich blieb. Warum war ich eigentlich in solchen Situationen immer allein? Kein anderer Kunde oder Kollege war in der Nähe, um irgendetwas gegen diesen Albtraum zu unternehmen. Als er endlich, für mich waren es gefühlte Stunden, mit dem Gesabber fertig war, hatte ich mich wieder weitgehend unter Kontrolle und konzentrierte mich auf meinen Job. Ich schaute ihm ins Gesicht und sagte:

»Das macht immer noch 23,46 Euro bitte, mit Spucke kann man bei uns leider nicht zahlen, das geht leider nur bei der Konkurrenz … Haben Sie vielleicht Bargeld oder eine ec-Karte?« Er kramte in den Taschen seiner schwarzen Jacke und zog zwei zerknüllte Scheine hervor, die er mir auf den Tresen knallte. Ich gab ihm sein Wechselgeld auf die 25 Euro, und er verschwand grinsend aus dem Laden. Und ich saß da mit meinem nassen Fleck auf der Kasse. So konnte ich nicht weiterarbeiten, also schloss ich die Kasse, besorgte einen Putzlappen und Desinfektionsmittel und bereinigte die Sache damit. Aber seit dieser Geschichte weiß ich mit Sicherheit: Spinnen sind mir lieber! Wirklich!

26

EHE MIT ACH UND KRACH

HURRA, ICH HATTE SPÄTSCHICHT und damit genug Zeit, um mich morgens in aller Ruhe um mein Bett zu kümmern. Es fühlte sich bei Frühschichten immer einsam und verlassen. Ich hatte abends nur ein kurzes Gespräch mit dem Kopfkissen führen können, aber am Morgen war das ganze Bett recht froh, dass ich auch mal länger bleiben konnte, und der Hausfrieden war wiederhergestellt.

Gut gelaunt ging ich an die Arbeit, und bis 30 Minuten vor Ladenschluss geschah wenig Aufregendes. Dann aber standen zwei Stammkunden an der Kasse an, und ich spürte sofort, dass irgendetwas nicht stimmte. Eine Binsenweisheit besagt: »Wenn Männer schweigen, sind sie entspannt, und wenn Frauen schweigen, sind sie sauer.« Die Frau sah aus, als würde sie jeden Augenblick explodieren. Ehrlich, ich hätte nichts dagegen, wenn sie damit gewartet hätte, bis sie draußen gewesen wäre, aber nein, sie musste jetzt und hier genau an meiner Kasse einen Ehekrach vom Zaun brechen:

»Na, hattest du Spaß bei der Schlampe?«, zischte sie ihren Partner an. Der Mann und ich taten das für uns einzig Richtige, wir reagierten beide nicht. Es war niemand sonst an der Kasse, der die Situation hätte mitbekommen können, und darüber war ich in dem Moment recht froh. Aber die Frau dachte nicht daran, es dabei bewenden zu lassen:

»Ich weiß, dass du 'ne andere hast. Gib es doch zu, du Dreckschwein! Ich weiß, dass du sie jedes zweite Wochenende vögelst. Steh doch wenigstens dazu …« Jetzt wurde es dem Mann doch sichtlich unangenehm, und er versuchte, einzulenken:

»Schatz, können wir so was bitte zu Hause besprechen?« Mein Fremdschämgefühl stieg mit jedem Herzschlag, der Frau schien die

Peinlichkeit der Situation aber egal zu sein. Ihre Stimme wurde mit jedem Wort lauter, und dadurch lockte sie auch meine Chefin an, die jetzt in Hörweite stand und sich amüsierte.

»Warum sollen wir das zu Hause besprechen? Soll doch jeder wissen, was du für ein Arschloch bist. Betrügst deine Frau und vögelst alles, was nicht bei drei auf dem Baum ist …« Ich überlegte einen Augenblick, ob ich mich jetzt doch beschwichtigend einbringen sollte, aber ich ließ es lieber sein, denn ich fürchtete, gleich selbst ihr nächstes Opfer zu werden, und ich wollte den Tag unbedingt überleben. Sie war aber längst noch nicht fertig und ratterte weiter: »Du bist so ein mieser Wichser. Ich will die Scheidung, und zwar sofort!« Jetzt aber brach letztlich doch der Damm bei mir, ich musste einfach etwas sagen: »Oh, es tut mir leid, Scheidungen sind leider ausverkauft. Vielleicht bekommen wir nächste Woche wieder neue rein … Aber ab Donnerstag sind ›Vorübergehende Trennungen‹ in der Werbung …« *Strike!* Sie blickte mich erst total entgeistert an, dann meinte ich, dass ein ganz kleines Lächeln über ihre Lippen huschte, und schließlich, nachdem sie einmal tief ein- und ausgeatmet hatte, zeigte sie auf ihren Einkauf auf dem Band und meinte kleinlaut:

»Nun machen Sie schon.«

Ich habe sie abkassiert, so schnell ich konnte, denn ich hatte Angst, dass sie mit ihrem Großeinkauf doch noch genügend Zeit finden würde, um das ganze Thema von vorn zu beginnen, aber sie blieb ruhig, zumindest bis zum Bezahlen.

»Das macht dann zusammen 98,41, bitte.«

Ach ehrlich, das sagt man doch so. Aber vielleicht hätte ich es besser wissen müssen. Jetzt wurde ich kurzerhand mit in die Auseinandersetzung hineingezogen:

»*Zusammen*? Wer ist hier *zusammen*? Sehen Sie hier irgendwen, der mit diesem Fremdgänger zusammen ist? Ich nicht! Nee, das Arschloch kann den Einkauf sehr gern *alleine* bezahlen und sich dann aus den Staub machen!« Sie packte den Einkaufswagen und rauschte ab. Und er stand da und war immer noch ruhig, also entspannt.

»Es tut mir leid, dass Sie das mit anhören mussten. Sie ist manchmal ein bisschen komisch drauf ...« Ich grinste:

»Ist kein Problem. Wir haben hier schon komischere Sachen erlebt, wirklich.« Er zahlte, ging und setzte sich zu seiner Frau ins Auto. Schweigend und entspannt blickte ich den beiden hinterher, wie sie vom Parkplatz fuhren.

An diesem Abend hatte ich noch ein längeres Gespräch mit meinem Bett. Ich versicherte Kissen, Bettdecke und Laken, dass sie sich wirklich keine Sorgen machen sollten, wenn ich zur Arbeit gehe. Es liefen mir bei meinem Job zwar immer wieder merkwürdige Kunden vor die Nase, aber kein anderes Bett, das unsere Beziehung in Gefahr bringen konnte. Mein Bett schwieg.

27

SCHERBEN BRINGEN GLÜCK

DA ICH MIT MIR und meinem Bett im Reinen war, beschloss ich, den nächsten Tag mit maximaler Entspannung anzugehen. Ich nahm mir vor, mich weder aufzuregen noch mich stressen zu lassen. Ich war gerade dabei, gemütlich alle möglichen Arten von Fleisch in die Kühlregale zu räumen, als mein Kollege an der Kasse klingelte. Ich trabte zu ihm und erkundigte mich, wie ich helfen konnte.

»Kannst du bitte mal nach dem Pfandautomaten schauen? Ein Kunde hat ein Problem damit.« Ach nee, der Pfandautomat! Eigentlich wäre es Aufgabe meines Kollegen gewesen, sich selbst darum zu kümmern, aber es hatten sich einige Kunden an seiner Kasse angestellt, also half ich gern.

»Hallo, guten Morgen, wie kann ich Ihnen helfen?«, fragte ich, als ich bei einem Herrn mittleren Alters angekommen war, der mit einer großen dunkelgrauen Stofftasche bewaffnet vor dem Automaten wartete.

»Dieser scheiß Automat nimmt meine Pulle nicht«, ranzte er mich noch im Herankommen an. Ich konnte nicht in die Tasche sehen, also bot ich ihm an:

»Darf ich mal eine Flasche haben und es selbst versuchen? Ab und zu zickt der Automat wie ein kleines Mädchen ohne Grund herum.« Ich versuchte damit eigentlich, ihn zum Lächeln zu bringen, aber es funktionierte nicht. Er kramte eine Flasche aus seinem Beutel, und ich sah sofort, wo das Problem war.

»Das ist eine Apfelsaftflasche, darauf ist gar kein Pfand. Deshalb nimmt der Automat die nicht an«, erklärte ich ihm. Das sah er aber nicht ein und behauptete im Brustton der Überzeugung:

»Die habe ich doch erst gestern bei Ihnen gekauft und dafür Pfand bezahlt.« Ich musste ihm widersprechen:

»Nein, das haben Sie sicher nicht, unsere Saftflaschen sind pfandfrei, ehrlich!« Er glaubte mir, und ich war beinahe geschockt über so viel Einsicht, aber vielleicht hatte nicht nur ich mir für diesen Tag einiges vorgenommen. Ich war schon im Begriff, wieder zu meinem Fleisch zu gehen, als ich ihn erneut rufen hörte:

»Hallo, bleiben Sie bitte hier … die Flasche nimmt er auch nicht.« Ich drehte mich um und ging wieder zu dem Kunden. Ich war beinahe sicher, dass er mir jetzt eine Orangensaftflasche vor die Nase halten würde und ich ihm alles von vorn erklären müsste, aber im Näherkommen sah ich, dass er mit einer Bierflasche aus Glas wedelte. Sein Ton war auch keineswegs freundlicher geworden:

»Der Automat nimmt die auch nicht, aber dafür habe ich ganz sicher acht Cent Pfand bezahlt, die möchte ich haben!« Ich schaute ihn an und setzte zu einer Erklärung an:

»Die nimmt der Automat auch nicht …« Doch er fiel mir ins Wort und brüllte förmlich los: »Warum machen Sie so was? Das ist Abzocke, was Sie machen. Das dürfen Sie nicht, und das wissen Sie! Das werde ich melden.« Und während er das sagte, knallte er die Bierflasche auf den Fliesenboden. Sie zersprang in tausend Teile, und wir hatten die Aufmerksamkeit des Ladens. Ich versuchte, ihn zu beruhigen:

»Ganz ruhig bitte. Sie können die Flaschen …« Aber wieder fiel er mir ins Wort:

»Was kann ich? Die Flaschen zur Konkurrenz bringen?« Eine weitere Bierflasche zerschellte, und langsam roch es unangenehm nach schalem Bier.

»Verdammte Scheiße!«, schrie er und zerschlug damit die dritte Flasche. Er schaute in seine Tasche, scheinbar waren darin nur noch Plastikflaschen, mit denen er seinem Unmut nicht weiter Luft machen konnte. Ich startete einen letzten Versuch, ihm zu erklären:

»Wenn Sie mich hätten ausreden lassen, hätte ich Ihnen gern gesagt, dass der *Automat* die Flasche zwar nicht nimmt, aber dass Sie sie gern an der Kasse abgeben können und dort Ihr Pfand zurückerhalten … Nun ist es aber zu spät, denn so«, ich zeigte auf das Scherbenmeer, »können wir die Flaschen natürlich nicht mehr annehmen. Aber sehen Sie es positiv: Scherben bringen bekanntlich Glück! Versuchen Sie es einfach weiter mit ihren Saftflaschen, das klappt bei der Menge an Scherben heute bestimmt noch irgendwo …« Ja, das war frech, aber im Vergleich zu der Sauerei, die der Kunde hier hinterlassen hatte, war das noch harmlos. Der Kunde würdigte mich keines Blickes mehr, vielleicht war ihm gerade klar geworden, dass er ohne Not Geld verbrannt hatte, und rauschte sauer ab. Mich ließ er zurück mit den Scherben, die ich zusammenfegte und in den Müll warf. Dann widmete ich mich wieder meinen Kühlregalen. Und beim Einräumen der Bratwürstchen, Gulaschportionen und Kasslerbraten überlegte ich, ob ich heute vielleicht noch Lotto spielen sollte. Denn wem gehörte das Scherbenglück eigentlich? Dem Kunden oder mir, der die Scherben vor die Füße geworfen bekommen hatte …

28

DIE DÜMMSTEN DIEBE – PLATZ 3

TROMMELWIRBEL BITTE: Wir betreten das Treppchen in Sachen *Dümmste Diebe im Discounter*! Es war wieder Zeit für eine Inventur. Ich wusste, dass ich hier im neuen Laden nicht von Goldlöckchen gemobbt werden konnte, aber hier war das Lager riesengroß, also würde die Inventur ewig dauern und obendrein anstrengend sein. Wir hatten wie bei jeder Inventur morgens um sechs Uhr angefangen, und inzwischen war es schon 16 Uhr. Einer Kollegin ging es nicht gut, und der Chef schickte sie nach Hause. Ich war leider zur falschen Zeit am falschen Ort, denn kaum kroch ich aus den Regalen im Lager hervor, sah mich der Chef und schickte mich anstelle der kranken Kollegin an die Kasse. Super, nach zehnstündigem Tütensuppen-Zählen oder wahlweise In-den-hintersten-Winkeln-von-Kühltruhen-Herumkriechen hatte ich alles andere als Lust auf zusätzliche zwei bis drei Stunden an der Kasse. Da ich aber immer versuche, nett zu meinen Kollegen zu sein, machte ich das natürlich auch. Hätte ich gewusst, was mich an diesem Tag für ein Spaß an der Kasse erwartet hätte – ich hätte natürlich sofort Ja gesagt. Zu diesem Zeitpunkt war unser Geschäft recht voll, und so besetzte ein Kollege auch die zweite Kasse.

Wir taten unsere Arbeit, als ich plötzlich aus dem Augenwinkel sah, wie sich ein recht junger Kunde merkwürdig lange an den Tabakregalen aufhielt. Man bekommt mit der Zeit eben einen Blick dafür. Er drehte jede Dose Tabak um und schaute darunter. Ich dachte mir schon, dass er vermutlich nachgesehen hatte, ob die Dosen gesichert waren, denn unsere Warensicherung in Form eines speziellen Aufklebers klebte bei den Tabakdosen an der Unterseite und musste erst über die Kasse gezogen werden, um entsichert zu werden.

Er schaute sich jede Verpackung genau an, und ich gab meinen Kollegen ein Zeichen, dass er mit darauf achten sollte und zur Not einschreiten konnte. Mein Kollege schloss seine Kasse, betätigte die Kassenabsperrung, damit sich an seiner Kasse niemand mehr anstellen oder dort durchgehen konnte, und kam zu mir herüber. Wir schauten beide unauffällig zu, was er da tat, und dann ging es ganz schnell. Zu schnell sogar für den Kunden selbst. Er steckte eine Dose Tabak in seinen Rucksack und rannte los. In seiner Panik übersah er offensichtlich, dass ihm die Kassenabsperrung im Weg war. Vielleicht dachte er auch, dass er da durchlaufen konnte, aber das klappte natürlich nicht. Er legte sich dank der Kassenabsperrung vor uns und der gesamten Kundschaft auf die Nase. Die Tabakdose rollte aus seinem Rucksack in einem perfekten Kreis und wurde schließlich von seinem am Boden liegenden Kopf gestoppt. Alle um uns herum hatten angefangen zu lachen. Der junge Mann fand es alles andere als lustig. Er lag da, und im ersten Moment dachte ich, dass er sich vielleicht verletzt hatte. Ich sprang auf, um zu ihm zu gehen und zu sehen, ob ihm etwas zugestoßen war. Mein Kollege klingelte in der Zeit nach dem Chef. Ich fragte:

»Ist Ihnen etwas passiert?« Er fing an zu weinen, und ich dachte zunächst, dass er vermutlich Schmerzen hatte, doch dann sagte er mit einer weinerlichen Stimme:

»Ich bin sogar zu blöd zum Klauen. Das kann doch nicht wahr sein, dass ich dieses Scheißding übersehen habe …« So, das war's, und ich konnte jetzt auch nicht mehr vor Lachen. Mein Chef nahm ihn lachend mit ins Büro und ich konnte grinsend weiterkassieren.

29

DER STALKER

WIR IM DISCOUNTER sind immer für die Kunden da. Na ja, zumindest sollten wir das sein. Nur leider fällt es einen nicht immer so leicht, wie das auf den ersten Blick erscheinen mag. Besonders einem Kunden hatte ich es offensichtlich angetan. Er kam immer freitags und samstags einkaufen. Es war meist rund um den Schichtwechsel im Laden zu finden, als ob er wüsste, wann mein Feierabend bevorstand. Ich räumte eben Ware in die Kühlregale, als der Backofen klingelte, und so machte ich mich auf den Weg, die frisch gebackenen Brötchen aus dem Ofen zu holen. Ich legte die Brötchen in die Ablage und räumte die heißen Bleche nach hinten in den Backraum. Ich kam nichts ahnend aus dem Raum und wollte gerade wieder zu meiner Wurst und Butter, als er wie aus dem Nichts vor mir stand und säuselte:

»Hallo, Herr Klein, waren Sie beim Friseur? Das sieht aber sexy aus.« Bitte was hatte er da gerade gesagt? Ich konnte es nicht glauben. Das Schlimme daran war, dass er auch noch recht hatte, denn ich war einen Tag zuvor erst beim Friseur gewesen. Meine Chefin musste in diesem Moment natürlich vorbeilaufen und hatte alles mitbekommen. Sie fand es offenbar lustig und lachte laut los. Was macht man in der Situation? Eine höfliche Antwort hätte ihm womöglich noch irgendwelche Hoffnungen gemacht, durch meinen Kopf schrie ein lautes »Hilfeeeee!!!«, zum Glück aber schien meine Chefin telepathisch begabt zu sein, denn sie rief aus dem Lager:

»Herr Klein, können Sie mal bitte kommen?« Mir fiel ein Stein vom Herzen, denn mein *Stalker,* wie wir ihn von nun an nannten, stand immer noch vor mir und sah so aus, als ob er auf irgendwas wartete. Ich sagte also rasch Danke und ging ins Lager, wo meine Chefin immer noch lachend auf mich wartete.

»Komm, auf den Schock rauchen wir erst mal eine«, lud sie mich ein.

Wir lugten durch die Lagertüre und sahen den Stalker nicht mehr. Ich hoffte inständig, dass er schon gegangen war, aber das war er natürlich nicht.

Ich trabte zurück zu meiner Butter und begann wieder einzuräumen, als er auf einmal hinter mir stand und mir in den Nacken hauchte: »Wie geht's Ihnen? Sie sind aber selten hier. Ich finde wirklich, dass wir uns zu selten sehen.« Und blieb geschockt und sprachlos. Mir fiel nichts Besseres ein, als blöd zu lächeln. Ich drehte mich zu meinem Kühlregal um, und dann rettete mich das Klingeln der Kasse. Ich spurtete also zur Kasse, um meine Kollegin beim Kassieren zu unterstützen. Es warteten vier Kunden, und ich sah, wie auch der Stalker zur Kasse kam. Ich konnte gerade noch das »Bitte hier nicht mehr anstellen«-Schild aufstellen und flüchtete durch die Obst-und-Gemüse-Abteilung.

Dem Stalker war es egal, er sah mich laufen, drehte mit seinem Einkaufswagen um und rannte ebenfalls los. Er rannte, als ob es um sein Leben ging. Ich lief zügig, aber er war schneller, passte mich ab, und ich rechnete schon mit neuerlichem Anhimmeln oder gar einem Liebesgeständnis, aber er lächelte mich nur an und ging dann ganz gemütlich in Richtung Kasse. Diese Geschichte verbreitete sich natürlich schneller unter den Kollegen als eine Grippe nach heftigen Zungenküssen, und immer wenn er in den Laden kam, konnte ich mir von meinen Kollegen anhören, dass mein Liebhaber da ist.

30

ICH GEHE ZUR KONKURRENZ

WIE ICH SCHON MEHRFACH SAGTE, haben wir es im Discounter alles andere als leicht. Wir werden von vielen Kunden als der letzte Dreck angesehen und bekommen für alles die Schuld. Es gab viele Sachen, die mir auch nicht gepasst haben als Mitarbeiter, aber da muss man leider durch. Ich erinnere mich bei der nächsten Geschichte noch genau, dass es ein Freitag war, und es war der Erste im Monat, was bedeutete, dass die Leute Geld bekommen haben und natürlich einkaufen gingen. Es wusste offenbar jeder – bis auf die Chefin, die uns an diesem Morgen freundlicherweise mit der kleinstmöglichen Besetzung eingeteilt hatte, eine Kassenkraft und ein Kollege für das Nachräumen. Ich war an der Kasse und meine Kollegin war im Laden unterwegs und räumte Obst und Gemüse ein. Sie gab zumindest ihr Bestes. Doch es war an diesem Morgen wirklich ungewöhnlich voll, sodass sie zu nichts kam, weil sie immer wieder eine zweite Kasse öffnen musste. Jeder Versuch von uns, eine weitere Kollegin telefonisch zu erreichen, scheiterte; niemand ging ans Telefon, und wir blieben ohne Unterstützung. Es kam, wie es kommen musste: Gegen zehn Uhr gingen uns die Brötchen aus, weil wir keine Chance hatten zu backen. Natürlich dauerte es keine Minute, bis die ersten Kunden sich bei uns beschwerten, dass keine Brötchen da waren. Zu meiner Überraschung hatten aber sehr viele Kunden Verständnis für unsere Situation und machten kein großes Theater daraus. Sehr viele Kunden, ja, aber eben nicht alle. Eine Kundin stand auf einmal wie aus dem Nichts neben mir und atmete sehr schwer. Mein erster Gedanke war, dass es ihr möglicherweise nicht gut ginge. Doch damit lag ich falsch, denn alles, was ich zu hören bekam, war die Aussage:

»Brötchen!?« Mir fiel nichts Besseres ein als zu antworten:

»Guten Tag, Christian Klein, angenehm.« Sie starrte mich an und sah dabei nicht gerade freundlich aus.

»Haben Sie keine Brötchen mehr?«

Ich dachte mir *Wow, ein ganzer Satz! Womit habe ich denn diese Ehre verdient?*, sagte es aber zum Glück nicht laut, denn die Kundin wirkte sehr gereizt. Ich versuchte, ihr die Sache zu erklären:

»Es tut mir wirklich leid, es ist heute Morgen so ein Ansturm bei uns, damit konnte niemand rechnen. Wir haben schon versucht, Verstärkung zu bekommen, aber es ist niemand erreichbar. Wir geben hier gerade unser Möglichstes, dass wir den Laden einigermaßen schmeißen. Aber wir haben noch nicht mal das Obst eingeräumt. Es tut mir leid, dass wir im Moment keine Brötchen haben.« Aber sie entpuppte sich als Härtefall, der sich keineswegs mit einer Erklärung und Entschuldigung abfinden wollte.

»Also haben Sie keine Brötchen?« Aha, sie hatte zumindest zugehört. Ich versuchte, freundlich zu bleiben.

»Nein, leider nicht. Es tut mir leid.« Sie schaute mich irgendwie auffordernd an, ich hatte nur keine Ahnung, was sie jetzt eigentlich von mir erwartete, denn ich konnte schließlich keine Brötchen herzaubern – aber ich wurde das Gefühl nicht los, dass sie genau das von mir wollte. Ich startete einen erneuten, verzweifelten Ansatz, ihr die Sachlage noch einmal zu erklären:

»Gute Frau, Sie sehen doch, was hier los ist ...« Ich deutete auf die immer länger werdende Schlange an den beiden Kassen.

»Wir sind heute leider unterbesetzt und kommen einfach nicht dazu, neue Brötchen zu backen. Es tut mir wirklich sehr leid.« Sie blickte die Reihen der Einkaufswagen entlang, zuckte mit den Schultern und blickte mich wieder an.

»Dann müssen Sie mehr Leute einstellen.« Ihr Ton hatte unverkennbar an Schärfe zugenommen. Sollte ich ihr jetzt wirklich das Discounterkonzept erklären? Einen Versuch war es wert:

»Sehen Sie, wenn wir mehr Leute einstellen würden, dann würde das für den Laden höhere Kosten bedeuten, was dann wiederum

WISSEN SIE WAS? ICH GEHE ZUR KONKURRENZ UND WERDE DORT MEINE BRÖTCHEN KAUFEN. UND SO LANGE BLEIBT MEIN AUTO AUF IHREM PARKPLATZ STEHEN!
DAS IST IHR GUTES RECHT; WENN SIE OHNEHIN ZURÜCKKOMMEN ZU IHREM AUTO, SEIEN SIE DOCH BITTE SO GUT UND BRINGEN UNS EIN PAAR BRÖTCHEN MIT, SIE SEHEN JA, WAS HIER LOS IST ...

bedeutet, dass alles teurer werden würde, denn nur so könnten wir die angestiegenen Kosten decken …« Sie sah mich wegen meines kleinen kaufmännischen Vortrags völlig entgeistert an und schrie schließlich los:

»Wissen Sie was? Ich gehe zur Konkurrenz und werde dort meine Brötchen kaufen. Und so lange bleibt mein Auto auf Ihrem Parkplatz stehen!« Sie drehte sich um und rauschte in Richtung Ausgang. Ich rief ihr hinterher:

»Das ist Ihr gutes Recht; wenn Sie ohnehin zurückkommen zu Ihrem Auto, seien Sie doch bitte so gut und bringen uns ein paar Brötchen mit, Sie sehen ja, was hier los ist …« Sie drehte sich nicht um, aber die wartenden Kunden an der Kasse lachten. Gegen Mittag wurde es schließlich ruhiger, und meine Kollegin konnte die zweite Kasse schließen. Als Allererstes ging sie dann zum Backofen, um Brötchen zu backen, denn leider war die Kundin nicht zurückgekommen, um uns ein paar Konkurrenzbrötchen zu bringen. Vielleicht hatte es woanders ja auch keine Brötchen gegeben?

31

DANKE, DASS SIE ARBEITEN GEHEN

MEINE NÄCHSTE GESCHICHTE ist zwar rasch erzählt, aber dennoch macht mich dieses kleine Intermezzo auch heute noch sprachlos und wütender als vieles andere, was mir in meiner Zeit im Discounter widerfahren ist. Wir in Deutschland leben ja in einem Sozialstaat, bei uns muss niemand verhungern. Man kann zum Amt gehen und bekommt Unterstützung. Das ist ein prima Prinzip, und es ist gut zu wissen, dass man nicht gleich ins Bodenlose stürzt, wenn man unverschuldet seinen Job verliert, weil die Oberbosse ihre Hausaufgaben nicht richtig gemacht haben oder welche anderen Gründe es sonst noch geben mochte.

Ich war mal wieder an der Kasse und kassierte gemütlich die Kunden ab. Ich hatte mir für diesen Tag eine »Nur-kein-Stress-Phase« genehmigt. Und das merkten die Kunden auch, denn ich war locker und gelöst. Es war an diesem Tag ohnehin sehr wenig los, sodass ich gar nicht erst Gefahr lief, in Stress verfallen zu müssen. Ich räumte gerade meinen Kassenbereich auf, als sich ein Kunde anstellte. Er war tatsächlich der einzige Kunde im Laden. Entspannt und fröhlich begrüßte ich ihn mit einem »Hallo, und einen wunderschönen guten Tag!«. Er sah mich an und lächelte.

»Ach, das ist ja eine nette Begrüßung, hallo!« Hätte ich in diesem Moment schon gewusst, wie unser kurzes Zusammentreffen endet, hätte ich ihn sicher anders begrüßt. Er war mit seiner Handvoll Artikel auch schnell durch, ich nannte ihm die Summe, und er bezahlte. Ich gab ihm sein Rückgeld und sagte schließlich:

»Dann wünsche ich Ihnen noch einen schönen Tag, und bis zum nächsten Mal.« Ich erwartete ein »Auf Wiedersehen« oder so etwas in der Richtung, aber es kam anders. Ich wollte gerade aufstehen, um im Laden zu helfen, da reichte er mir die Hand und sagte:

»Danke, dass Sie hier jeden Tag schuften …!« Ich hätte mich darüber total gefreut, wenn sein Satz nicht noch weitergegangen wäre:

»Danke, dass Sie hier jeden Tag schuften, denn so kann ich seit 40 Jahren vom Staat leben. Würden Sie keine Steuern zahlen, müsste ich ja selbst arbeiten gehen.« Ich war geschockt. Und ich war beinahe sprachlos, mehr als ein »Bitte« bekam ich nämlich nicht heraus mit meiner Kinnlade auf Knöchelhöhe. Er lächelte und verließ den Laden. Ja, dieser Typ hatte das tatsächlich ernst gemeint. Es war mit Sicherheit kein blöder Witz gewesen, das hatte ich in seinem Gesicht lesen können. Ich musste danach erst mal eine Zigarette rauchen, um mich zu beruhigen, aber das half nicht so richtig. Und wenn ich heute daran denke, bin ich auch sofort wieder auf 180. Also schnell an etwas anderes denken, sonst entwickele ich mich zum Kettenraucher …

32

AUTOGRAMMSTUNDE MIT EINEM SNICKERS

JEDER, DER SCHON EINMAL einkaufen war und mit seiner EC-Karte bezahlt hat, kennt natürlich das Verfahren: Entweder man gibt seine Geheimnummer ins Gerät ein, oder man muss den EC-Beleg unterschreiben, der übrigens in den letzten Jahren immer länger geworden ist. Seien Sie mal ehrlich, haben Sie jemals den gesamten Text auf diesem Zettel durchgelesen, den Sie da unterschreiben? Vor allem, wenn Ihnen Ihr Hintermann einmal mehr mit dem Einkaufswagen in die Hacken fährt und drängelt, damit es bitte endlich weitergeht? Theoretisch könnte auf diesem Zettel ja alles draufstehen, z. B. eine Einverständniserklärung, dass Ihre Kundendaten an den Zentralrechner der Discounter-Spionageabteilung übermittelt werden. (Es gibt ja leider weder Payback noch Deutschlandcard bei den Discountern, mit denen man Kundendaten bestmöglich ausspionieren kann.) Oder vielleicht steht auf dem kleinen Stück Papier, das mit so winzigen Buchstaben bedruckt ist, dass man es ohnehin kaum lesen kann, ja auch die Information, dass Sie ab sofort monatlich einen Euro an die Opferkasse der Discountermitarbeiter überweisen, die die psychiatrische Betreuung der Mitarbeiter nach dem ersten Monat im Angestelltenverhältnis mitfinanziert? Oder vielleicht steht da einfach auch nur in sechs verschiedenen Sprachen aufgedruckt »Wer das liest, ist doof …!« – aber ich schweife ab.

Also, eigentlich kennt jeder das Verfahren des elektronischen Bezahlens. Okay, sagen wir mal *fast jeder,* denn wie diese Geschichte zeigt, gibt es offenbar Ausnahmen von der Regel. Es stellte sich eine recht junge Mutter bei mir an der Kasse mit einem recht großen Einkauf an. Sie hatte ein Kind dabei, das ich auf vier oder fünf

Jahre schätzte. Das Kind quengelte ununterbrochen, weil es etwas Süßes haben wollte. Wie es sich für jeden guten Shoppingtempel gehört, gibt es natürlich auch beim Discounter allerhand Süßes an der Kasse. Es gibt sogar einen Fachbegriff dafür, dieser lautet tatsächlich »Quengelware«, als hätten es die Erfinder dieses speziell platzierten Angebots von vornherein nur darauf abgesehen, Kassierer und umstehende Kunden mit dem Kinderquengeln zu foltern. So auch dieses Kind, das irgendeinen Schokoriegel sah und ihn unbedingt haben wollte. Der kleine Junge machte solch ein Theater, als würde der Fortbestand der Menschheit davon abhängen, dass genau dieses Kind genau in diesem Moment genau diesen Schokoriegel bekommt. Natürlich kannte ich solche Situationen zur Genüge und hörte über das Geplärre des Kleinen hinweg und begrüßte die Kundin freundlich:

»Hallo und guten Tag.«

Ich bekam allerdings nur ein »Nein, Kevin, lass das liegen. Es gibt jetzt nichts Süßes!« zu hören. Während ich ihren Einkauf kassierte, diskutierte sie weiter mit ihrem Sohn:

»Kevin, ich habe Nein gesagt. Wir essen gleich, wenn wir nach Hause kommen. Es gibt jetzt keinen Schokoriegel!« Die ganze Diskussion dauerte fast vier Minuten. Ich war natürlich längst fertig mit dem Kassieren. Der kleine Kevin hörte aber nicht auf zu plärren und zupfte ununterbrochen an der Jacke seiner armen Mutter. Am Ende gab sie schließlich nach und legte noch ein Snickers auf das Band und sagte mit einem tiefen Seufzer:

»Das hier bitte auch noch … und dann hörst du gefälligst auf zu quengeln.« Ich nannte ihr die Summe, und sie reichte mir ihre EC-Karte. Ich steckte die in das EC-Gerät, und das Gerät überlegte sich offensichtlich, welchen interessanten Text es heute wohl auf den Zettel drucken sollte, will sagen, es dauerte länger als üblich, und ich erklärte ihr:

»Einen Augenblick, das Gerät ist heute nicht das schnellste. Sie müssen gleich noch unterschreiben.« Sie beugte sich herab und begann, in ihrer Handtasche zu wühlen. Ich dachte mir nichts dabei. Sie kramte einen Kugelschreiber heraus. Gut, auch daran war nichts Schlimmes. Es gibt ja Menschen, die haben immer Schreibutensilien dabei und nutzen sie auch. Aber was dann passierte, brachte mich vollkommen zum Lachen. Sie schnappte sich das Snickers, unterschrieb es auf der Rückseite, packte es in den Wagen und wollte gehen. Immer noch lachend fragte ich sie:

»Entschuldigung, wo wollen Sie hin?« Sie schaute mich erschrocken an: »Ja gehen! Sie sagten doch, dass ich nur unterschreiben muss.« Ich wusste nicht, ob das jetzt ihr Ernst war oder ob sie aufgrund des Quengelns ihres Kevins überhaupt mitbekommen hatte, was sie da gerade getan hatte. Ich erklärte ihr dann, und mein Bauch tat schon weh vor Lachen:

»Sie müssen mir bitte den *EC-Beleg* unterschreiben. Es bringt mir leider wirklich nichts, wenn Sie den Schokoriegel unterschreiben.« Sie schaute mich entsetzt an, nahm den Schokoriegel aus dem Wagen, sah ihn an und fing ebenfalls an zu lachen.

»Dieses Kind macht mich nervlich fertig. Entschuldigung.« Jetzt war ich sicher, dass sie das nicht absichtlich gemacht hatte. Sie unterschrieb mir den Beleg, entschuldigte sich noch mehrfach und ging dann in Richtung Tür, dem Knirps mit inzwischen schokoverschmiertem Gesicht hinter sich herzerrend. Ich lernte daraus, mir anzugewöhnen, den Kunden immer deutlich zu sagen, dass sie mir bitte *den EC-Beleg* unterschreiben müssen.

Und irgendwo in einer abgelegenen Villa hoch über dem Meer reibt sich der Erfinder der Quengelware seine Hände, weil ihm erneut ein Opfer ins Netz geraten ist …

Und irgendwo in einem unterirdischen Bunker reiben sich die Mitglieder eines geheimen Konsortiums die Hände, weil nur sie allein wissen, welcher Text wirklich auf den EC-Belegen steht …

33

WERBUNG IST NICHT WERBUNG ABER WERBUNG?

DONNERSTAG IST WERBETAG! Jeweils donnerstags wechseln wir die Artikel, die in der Werbung sind und die preisreduziert werden. Donnerstag ist damit auch der Tag, an dem wir die Werbe-Flyer für die Folgewoche bekommen. Und heute war Donnerstag und ich räumte gerade Ware in die Kühlung, als plötzlich ein älterer Herr vor mir stand und kurz und knapp fragte:

»Haben Sie vergessen, den Preis am Milchreis zu ändern?« Tja, ehrlich gesagt, wusste ich überhaupt nicht, dass der Milchreis in der Werbung war. Aber das musste ich dem Kunden ja nicht gleich auf die Nase binden und bot ihm an, dass ich sofort nachschauen gehe und gleich ein neues Schild mache, damit der Preis am Regal stimmt.

Er sagte kein Wort und blieb wie versteinert vor dem Regal stehen, während ich mir einen Milchreis samt seinem Preisschild am Regal schnappte und ins Büro ging, um das Schild zu ändern. Ich klickte mich durch unsere Software, und der Drucker begann zu rattern. Er spuckte nur leider dasselbe Schild noch einmal aus, das ich vom Regal mitgebracht hatte. Es stand derselbe Preis drauf. *Also noch mal, wer weiß, was ich da wieder falsch gemacht hatte.* Ich druckte das Ganze noch einmal, aber wieder kam dasselbe Preisschild heraus. Ich zweifelte an meiner Intelligenz und an meinem Umgang mit dem PC. Ich besorgte mir einen Werbe-Flyer und suchte den Milchreis im Prospekt. Ich fand ihn aber nicht. Ich schnappte mir das Werbeblatt und ging zum Kunden, der immer noch unbeweglich vor dem Milchreis stand.

»So, ich habe den aktuellen Preis auf ein Preisschild gedruckt, aber dabei kam wieder der normale Preis heraus. Also habe ich in der Werbung nachgesehen, und im Prospekt ist der Milchreis gar nicht dabei.« Der Mann löste sich aus seiner Starre:

»Wollen Sie mich verarschen?« Ich fiel ihm ins Wort:

»Klar, als ich heute Morgen aufgestanden bin, habe ich mir einen teuflischen Plan ausgedacht, denn da wusste ich bereits, dass Sie herkommen und mir genau diese Frage stellen würden.« Ich grinste ihn an, war mir aber sicher, dass ich nun seinen kompletten Ärger abbekommen würde. Überraschenderweise lachte er los:

»Na, Humor haben Sie. Aber Spaß beiseite, ich habe den Milchreis in der Werbezeitung gesehen, die Sie vorne liegen haben.« Ich ging nach vorne, um eines der besagten Werbeblätter zu holen. Ich suchte schon auf dem Weg zurück zum Milchreismann nach dem Artikel. Und: Ich fand ihn! Allerdings hatte der Mann den Flyer der nachfolgenden Woche in der Hand gehabt. Als ich wieder bei ihm war, erklärte ich ihm:

»Sie haben sich offenbar die falsche Werbung angesehen; Sie sind eine Woche zu früh. Alles aus diesem Prospekt ist erst ab nächster Woche im Angebot.« Wie launisch Menschen doch sein können. Er bekam seinen Willen nicht und brüllte mich an:

»Das ist eine Lüge. Ich habe gelesen, dass es diese Woche ist. Die Werbezeitung haben Sie doch eben erst geändert. Denken Sie, ich bin blöd? Ich habe das vor ein paar Minuten noch gelesen. Mit dem Datum von dieser Woche!!!« Ich wusste nicht, was ich sagen sollte, und schaute ihn entsetzt an, denn er war augenscheinlich noch nicht fertig:

»Schauen Sie mich nicht so blöd an. Ich will sofort Ihre Personalnummer haben, damit ich mich über Sie beschweren kann.« Ich wusste nicht, was ich getan haben sollte, also fragte ich nach:

»Was habe ich denn gemacht, über das Sie sich beschweren wollen?« – »Das wissen Sie ganz genau: Sie ändern einfach die Werbung und verwirren Ihre Kunden damit!« Ich musste lachen. Was dachte dieser Typ sich? Dass wir im Büro eine kleine Spezial-Druckmaschine für Einzelprospekte haben und nach Lust und Laune Flyer drucken, schneiden und falten konnten, nur um davon abzulenken, dass ein angeblich falsches Preisetikett am Regal hing? Ich ging ins Büro, schrieb ihm meine Personalnummer sowie die Telefonnummer der Zentrale auf und brachte ihm den Zettel. Ich lächelte wieder, als ich sagte:

»Viel Spaß beim Beschweren! Und vergessen Sie bitte nicht, dass ich auch an der Eurokrise schuld bin, die war ja auch meine Idee, und die habe ich in der Mittagspause schnell gemacht.« Er rauschte wortlos ab und ich hörte nie wieder was von ihm oder von einer Beschwerde über mich. Vorsichtshalber schaute ich mir aber noch einmal gründlich die Werbeartikel von der aktuellen und der nächsten Woche an, um nicht noch einmal in eine solche Falle zu geraten.

34

NICHT LUSTIG

MEINE NÄCHSTEN BEIDEN GESCHICHTEN betreffen mich nur indirekt, sie zeigen aber, wie Kunden mit uns Verkäufern reden, oder, besser gesagt, zeigen, was wir uns alles gefallen lassen müssen. Ich hatte mal wieder Kassendienst, als Schul- und Kassierkraft ist es schließlich so, dass man häufig an der Kasse sitzt. Ich hatte mit einer sehr netten Kollegin Spätschicht. Ich hatte sie wirklich gern. Sie war oder, besser gesagt, ist eine eher ruhige Frau. Sie war freundlich zu Kunden und niemals patzig. Das muss es ja auch geben. Wie auch immer, ich saß also gemütlich an der Kasse und kassierte. Von jetzt auf gleich wurde es sehr voll, und so musste ich nach meiner Kollegin klingeln, und sie kam auch sofort. Wir saßen uns Rücken an Rücken gegenüber, da unsere erste Kasse wieder einmal kaputt war. Ich kassierte und sprach mit den Kunden über Gott und die Welt. Dann bemerkte ich im Laden einige junge Männer, die vielleicht Mitte oder Ende 20 waren. Sie stellten sich bei meiner Kollegin an, und ich war, ehrlich gesagt, ein wenig froh, denn sie benahmen sich wie Halbstarke und hatten eine recht große Klappe. Sie waren an der Reihe bei meiner Kollegin. Sie sagte freundlich »Guten Tag« und kassierte sie ab. Ich hörte den Jungs mit einem Ohr zu und kassierte nebenbei meine Kunden weiter ab. Ich hörte, wie meine Kollegin den Betrag nannte:

»13,22 Euro, bitte.«

Die jungen Männer hatten das offenbar nicht verstanden und fragten: »Was? Ich hab das nicht verstanden, red mal lauter!« Meine Kollegin sagte erneut laut und deutlich:

»13,22 Euro bitte.«

Aber die Typen verstanden das immer noch nicht, und so kam es wie erwartet:

»Ey, Pippi! Red mal lauter … ich hab da einen Kumpel, der müsste dich mal richtig rannehmen, damit du nicht immer so verklemmt bist an der Kasse.«

Die Jungs lachten albern, aber mir blieb vor Schreck alles im Gesicht stehen. So eine unglaubliche Frechheit hatte ich nur selten gehört. Ich wäre aber nicht ich, wenn ich einfach schweigend an der Kasse gesessen hätte. Also drehte ich mich um und kam meiner Kollegin zu Hilfe:

»Ey Kollege, nur weil das bei dir super funktioniert hat, heißt das noch lange nicht, dass es bei jedem klappt. Und es sind immer noch 13,22 Euro – das habe sogar ich hier drüben verstanden!«

Es herrschte auf einmal eine eisige Stimmung im Laden. Keiner sagte auch nur ein Wort, und ich merkte, wie mich alle entsetzt ansahen. Irgendwie erwartete ich, dass mir jetzt eine geballte Faust von einem der Halbstarken ins Gesicht fliegen würde, doch selbst den Jungs fiel dazu nichts mehr ein. Schweigend bezahlten sie ihre 13,22 Euro und verließen mit rotem Kopf den Laden. Die übrigen anstehenden Kunden sagten mir noch, dass sie es gut fanden, dass ich meiner Kollegin beigestanden hatte, und sie meine Reaktion verstehen konnten. Meine Kollegin bedankte sich hinterher auch noch bei mir für den Beistand. Die Jungs kamen tatsächlich noch öfter in unseren Laden, nur sagten sie so etwas nie wieder bei mir und verhielten sich sehr vorbildlich.

35

WIRKLICH LUSTIG

ES WAR GERADE SCHICHTWECHSEL, und ich hatte es mir in meinem quietschenden Kassendrehstuhl gemütlich gemacht, als mich ein junger Mann in einem grauen Overall mit den Worten ansprach:

»Tach! Sie hatten gerufen?!« Ich blickte ihn verdutzt an. Ich hatte niemanden gerufen. Er musste es mir im Gesicht abgelesen haben, dass ich nicht verstand, worum es hier ging, und erklärte:

»Müller mein Name.« Prima, jetzt kannte ich zwar seinen Namen, aber das war es auch schon, was ich von ihm erfahren hatte, also sagte ich:

»Guten Tag, mein Name ist Klein. Ich wüsste allerdings nicht, dass ich Sie gerufen haben sollte. Ich weiß ja nicht einmal, was Sie wollen.« Er verdrehte die Augen:

»Ihre Türe ist kaputt!« Jetzt fühlte ich mich wie bei *Wer wird Millionär?* und musste nun raten. Ich äußerte den ersten Gedanken, der mir durch den Kopf schoss:

»Sind Sie mir ins Auto gefahren?« Das hätte ich nämlich alles andere als lustig gefunden, mein Auto war eben erst nach einem (unverschuldeten!) Unfall frisch repariert. Aber Herr Müller verdrehte erneut die Augen und wirkte langsam genervt:

»Die L a g e r t ü r e«, sagte er überdeutlich, als wäre ich schwerhörig. Aha! Jetzt wusste ich wenigstens, worum es bei der ganzen Sache ging: Die Lagertüre war seit Kurzem defekt, und ein Handwerker sollte sie bereits am Morgen während der Frühschicht repariert haben. In diesem Moment sah ich alle Vorurteile gegenüber Handwerkern bestätigt, denn ich war zur Spätschicht angetreten. Ich wollte Herrn Müller gerade fragen, ob er den Weg zu unserem Laden nicht gefunden oder es unterwegs einen schlimmen Stau auf dem Parkplatz gegeben hatte, aber genau in dem Moment kam meine Kollegin Laura aus dem Büro, erkannte den Handwerker sofort und bat ihn ins Büro.

Die zweite Kollegin, die mit mir die Schicht begonnen hatte, war Rita, die sich eben einen Pausensnack für später besorgt hatte: einen Schokoriegel. Ja, um etwas Richtiges zu essen, fehlt uns leider meist die Zeit. Rita stand bei mir an der Kasse, um die Schokolade zu bezahlen, und grinste mich an:

»Du kannst aber auch nicht einfach mal fragen, was der Mensch will, oder?« Tja, inzwischen kannten mich sowohl Kollegen als auch Kunden offenbar besser, als mir lieb war. Genau in dem Moment kam Laura mit Herrn Müller im Schlepptau aus dem Büro und sagte zu uns:

»Ich gehe noch schnell mit dem jungen Mann auf die Toilette, und dann geht's hier weiter.«

Rita und ich sahen uns verstört an. Was dachten die Kunden, die in dem Moment an der Kasse waren und jedes Wort hörten … und offensichtlich dieselben Gedanken wie Rita und ich hatten? Sie lachten laut los, was ich und meine Kollegin irgendwie nicht konnten, denn uns war das Ganze im ersten Moment irgendwie peinlich. Ich konnte für einen Moment nicht kassieren, weil ich anscheinend in Schockstarre verfallen war. Was mochten die Kunden gerade von uns denken? Haben wir hier einen Puff, ist der Umsatz des Ladens wirklich so schlecht? Ich entkam meiner Schockstarre und bemerkte, dass die Kunden das eben Gehörte inzwischen ziemlich lustig fanden, also lachte ich auch und meine Kollegin Rita ebenfalls. Laura kehrte zurück, und ich fragte:

»Wow, das ging ja schnell. War es denn wenigstens gut?«

Sie sah mich entsetzt an und fragte:

»Was war gut?«

Wie es aussah, hatte sie keinen blassen Schimmer, worum es hier eigentlich ging. Ich startete einen Erklärungsversuch:

»Du hast eben gesagt, dass du mit dem Handwerker noch schnell auf die Toilette gehst …«

Nun sah sie mich auch entsetzt an und fragte kopfschüttelnd:

»Hab ich nicht, oder?« Rita lehnte neben mir am Band, aß gemütlich ihren Schokoriegel und verfolgte genüsslich das Geschehen. Dass wir drei übrigens in dem Moment den gesamten Verkehr aufhielten, bemerkten wir gar nicht, und den Kunden schien es auch egal zu sein, denn sie waren vermutlich zu neugierig und wollten sehen, wie die Sache ausging. Nachdem Laura merkte, dass sie aus der Nummer nicht mehr herauskam, bekam sie einen roten Kopf und sagte nur: »Du weißt, was ich gemeint habe.« Und da ich nett bin, stellte ich mich doof.

»Nein, weiß ich leider nicht. Es tut mir leid. Wie war es denn gemeint?«

Laura war es zu albern, und sie sagte laut und überdeutlich:

»Ich sagte, ich gehe mit ihm *zur* Toilette. Ist das jetzt besser, Herr Klugscheißer?«

Erst jetzt bemerkte sie auch die Kunden an der Kasse, und ihr wurde klar, dass sie nun jegliche Chance verspielt hatte, um aus der Sache wieder herauszukommen. Sie gab sich geschlagen:

»Mensch, jetzt lasst mich doch auch mal meinen Spaß haben!«

Sie drehte sich auf dem Absatz um und stapfte zurück ins Büro. Als sich Herr Müller irgendwann später mit den Worten verabschiedete: »So, die alte Dame ist frisch geölt und sollte jetzt erst mal nicht mehr zicken«, musste ich mir ganz fest auf die Lippen beißen, um nicht vollends in einen Lachanfall auszubrechen. Den restlichen Abend bekam ich das Grinsen nicht mehr aus dem Gesicht, weil ich ununterbrochen daran denken musste.

36

LEIDER WAHR

MAN HÖRT JA IMMER WIEDER, dass es Kunden gibt, die uns Verkäufer nach der allerletzten Einzelheit über unsere Waren ausquetschen. Solange man so etwas aber nicht selbst erlebt hat, mag man das trotzdem nicht glauben. Zusätzlich gelangt man schließlich auch irgendwann an den Punkt, wo einen nichts mehr schockieren kann, aber einige Kunden finden es anscheinend lustig, andere Leute auf die Palme bringen zu können. So geschah es mir an diesem Morgen. Ich weiß nicht mehr, welcher Wochentag es war, aber es gab Unmengen an Obst und Gemüse einzuräumen. In dieser Woche hatten wir Kartoffeln in der Werbung, und von daher schickte uns die Zentrale gleich ganze Berge an Kartoffeln. Ich wollte die Werbekartoffeln von der Palette ins Regal räumen, aber mir versperrte ein junger Mann den Weg, sodass ich die Aufgabe zunächst verschob und die übrige Ware einräumte, die noch auf der Palette war. Als ich bis auf die Kartoffeln alles eingeräumt hatte, sah ich, dass der Mann immer noch unverändert vor dem Kartoffelfach kniete. Das machte mir auf eine gewisse Weise Angst, denn das Einräumen einer Obstpalette nimmt durchaus ein paar Minuten in Anspruch. Ich überlegte, ob ich ihn ansprechen sollte oder lieber nicht, aber da die Kartoffeln ins Regal mussten, blieb mir ja kaum etwas anderes übrig. Ich nahm all meinen Mut zusammen und rechnete mit allem:

»Entschuldigen Sie, kann ich Ihnen helfen?«

Er drehte sich zu mir und schaute mich an, aber eine Sekunde später drehte er sich wieder zu den Kartoffeln zurück und starrte weiter. *Hey*, dachte ich mir, *das ist genau das, was man an einem frühen Morgen zur Ermunterung braucht*. Was sollte ich tun? Ich versuchte es nochmals: »Hallo? Brauchen Sie Hilfe bei irgendwas?« Im Hinterkopf formte sich der Gedanke, dass hier vermutlich nur noch ein guter Therapeut helfen konnte, aber das darf und würde ich auch nie zu einem Kunden sagen – aber siehe da, er antwortete »Ja«. Mehr kam leider nicht von ihm. *Toll, jemand, dem man jedes Wort aus der Nase ziehen muss.* Ich spielte mit:

»Und wobei kann ich Ihnen denn helfen?«

Er starrte mich wieder an, aber inzwischen machte er sich die Mühe, aus den Knien zu kommen und sich aufrecht vor mich zu stellen.

»Ich brauche Hilfe bei den Kartoffeln«, sprach er zu mir. Ich nickte ihm aufmunternd zu.

»Das dachte ich mir bereits. Hätten Sie beim Joghurt Hilfe benötigt, hätten Sie ja nicht vor den Kartoffeln gekniet.«

Er grinste mich an. Und ich war beruhigt, dass er den kleinen Witz verstanden hatte – Humor hat heutzutage ja nicht jeder.

»Was kann ich denn für Sie tun in Sachen Kartoffeln?«

Ich weiß zwar nicht alles über Obst und Gemüse, aber einiges bekomm ich noch hin, dachte ich mir und er legte mit seiner Frage los:

»Woher kommen die Kartoffeln?«

Diese Frage war keinesfalls unberechtigt und ein Blick auf das Regalschild sollte auch die Antwort liefern. So dachte ich mir das, aber natürlich stand dort nichts. Aber ich gab nicht gleich auf, sondern schaute auf das Etikett, das stets an den Kartoffelnetzen befestigt ist, und so konnte ich dem Mann stolz die Antwort präsentieren:

»Diese Kartoffeln kommen aus Mönchengladbach!«

Ich freute mich, dass ich helfen konnte. Doch ich hatte mich zu früh gefreut, denn die zweite Frage haute mich fast um:

»Waren die dort auch glücklich?«

Ich konnte nicht glauben, dass er diese Frage gestellt hatte, und horchte noch mal bei ihm nach: »Wie bitte?«

»Na waren die da auch glücklich, die Kartoffeln?«

Er schaffte es als einer der wenigen Kunden, mich so sprachlos zu machen, dass ich einfach nur den Kopf geschüttelt habe und gegangen bin. Mir sind hinterher so viele Antworten eingefallen, aber in diesem Moment war ich einfach nur sprachlos gewesen.

37

DER STEINKREIS

WIR IN UNSERER FILIALE zählten laut Zentrale zu den sogenannten *Fußfilialen*, was bedeutete, dass wir wenig Parkplätze hatten und bei uns sehr viele Kunden aus der Nähe stammten, die mal eben zu Fuß in den Laden kamen. Das war zumindest die Theorie, denn in Wirklichkeit konnten wir tagtäglich erleben, wie schwierig die Parkplatzsuche vor unserem schönen Discounter war. Ich kam mal wieder zur Spätschicht und suchte verzweifelt einen Parkplatz. Nach etwa zehn Minuten hatte die Suche ein Ende, und ich stand erfolgreich in einer passenden Lücke. Ich packte schnell meinen Kram zusammen und wollte in den Laden. Ich ging also über den Parkplatz, als ich eine Frau mit einer Handvoll Steinen auf den Armen sah, und ich dachte mir nur: *Egal was sie vorhat, es ist nichts Gutes!* Mein Bauchgefühl flüsterte mir nämlich schon seit dem Aufstehen zu, dass es ein merkwürdiger Tag werden würde. Ich blieb also ein paar Meter hinter der Frau stehen, um sie zu beobachten. Offenbar hatten meine Kollegen sie auch schon bemerkt, denn meine Chefin kam gerade raus. Da ich von Natur aus ein sehr neugieriger Mensch bin, ging ich noch näher heran, um zu sehen, was da los war. Die Kundin legte die Steine sorgfältig in einem Durchmesser von gut einem Meter vor der Ladentür ab, und zwar in Form eines nahezu perfekten Kreises.

»Was wird das, wenn es fertig ist?«, hörte ich meine Chefin fragen. Die Kundin reagierte nicht, also fragte meine Chefin noch mal:

»Hallo! Was wird das, wenn es fertig ist?«

Nun schaute die Dame hoch und erwiderte mit einem hässlichen Unterton:

»Das ist der Kreis des Teufels. Er wird Unglück über Ihren Laden bringen. Sie werden pleitegehen, und dann gehört das Gebäude mir …«

Was bitte tut man als Angestellter in so einem Moment? Genau: Man sucht die versteckte Kamera! Wir fanden die Kamera aber nicht und empfanden die Situation irgendwie lustig und beängstigend zugleich. Da die Frau ihren Steinkreis mitten vor dem Eingang platzierte, kamen auch keine Kunden mehr rein oder raus, sodass sie nun auch noch Publikum für ihren seltsamen Zauber hatte. Was sollten wir in so einer Situation tun? Ich legte meine Tasche beiseite und half meiner Chefin, die Steine wegzuräumen. Wir legten sie in ein Gebüsch, das bei uns am Parkplatz war. Die Frau sah uns entsetzt zu und spuckte die nächsten Worte förmlich aus ihrer Kehle:

»Ihr seid verflucht! Euch wird der Teufel holen! Ihr werdet nie wieder Glück haben im Leben!«

Mir fiel dazu nicht wirklich etwas Schlaues ein, außer:

»Wissen Sie, wenn Sie mein Leben kennen würden, wüssten Sie, dass mich der Teufel sicher nicht bei sich haben will. Er holt sich doch nicht die Konkurrenz ins Haus!«

Meine Chefin schaute mich entsetzt an, und ich nuschelte ihr ein »Sorry« zu. Meine Chefin hatte nun auch die Nase voll und sagte zu der Dame:

»Verlassen Sie bitte den Parkplatz, ansonsten rufe ich die Polizei.«

Jetzt sprach die Steinfrau auf einmal wieder wie ein normaler Mensch, allerdings war das, was sie sagte, alles andere als normal:

»Das wäre super, denn ich muss noch zum KIK und die da ebenfalls mit einem Fluch belegen, damit auch dieser Laden hier verschwindet und ich ihn haben kann. Da kann mich die Polizei dann gleich hinfahren!«

Mich interessierte ja brennend, was sie mit den Läden vorhatte, also fragte ich:

»Und was wollen Sie dann mit den Geschäften machen, wenn die alle leer stehen?«

Sie sah mir starr und ganz tief in die Augen und grinste diabolisch. Aber eine Antwort bekam ich nicht. Darauf hatte ich nun keine Lust mehr und sagte ihr noch mal:

»Nun gehen Sie bitte.«

Tatsächlich löste sie sich aus ihrer Starre und kam der Aufforderung nach, aber nicht, ohne eine letzte Drohung auszusprechen:

»Ich komme wieder, ihr werdet sehen!«

Ja, das sagte sich der Pink Panther auch immer, nur dass sie damit recht hatte und mir mehr als Angst machte mit der angedrohten Rückkehr. Aber dazu später mehr. Ich ging erst einmal in den Laden und fing an zu arbeiten. Ich versuchte, meine Gänsehaut zu ignorieren, was mir aber überhaupt nicht gelingen wollte.

38

DARF ICH DA MAL ANFASSEN?

WENN WIR BEI UNS im Laden Ware einräumen, bedeutet das immer reichlich Stress, denn es muss natürlich schnell gehen. Da der Laden eher klein war mit ziemlich engen Gängen, war es darüber hinaus alles andere als einfach, die Paletten durch den Laden zu bugsieren, denn meist stand irgendjemand oder irgendetwas im Weg. Klar, die meisten Kunden bat man höflich, etwas Platz zu machen, oder man wartete einfach den einen Augenblick, den sie benötigten, um etwas aus den Regalen zu fischen, aber das funktioniert leider nicht immer. Was mir an diesem Tag passiert war, ging wirklich zu weit, obwohl ich wirklich eine Menge erlebt hatte. Aber dies grenzte schon an sexuelle Belästigung. Ich zog also meine Palette auf dem Hubwagen hinter mir her, räumte die Ware ein und gab wie immer mein Bestes, auch möglichst schnell zu sein. Ich war gerade auf dem Weg zur Tiernahrung, aber dort stand eine Kundin im Weg, also bat ich sie freundlich:

»'Tschuldigung, darf ich da mal bitte ans Regal ran?«

Sie musterte mich von oben bis unten und sagte dann ganz frech: »Nö!« Perfekt. Genau so etwas brauchte ich natürlich, warum passiert so ein Blödsinn eigentlich immer, wenn man unter Zeitdruck steht? Ich dachte bei mir, *wenn einer im Laden frech sein darf, dann bin das ich*, aber ich sagte es natürlich nicht. Also wartete ich die eine Minute und hoffte, dass sie nun nicht noch ewig vor dem Regal stehen würde. Meine stummen Gebete wurden tatsächlich erhört, und ich konnte den letzten Artikel der Palette ins Regal räumen und mir die nächste vornehmen. Ich fuhr die leere Palette ins Lager und holte von dort eine neue. Ich machte mich auf den Weg zu den Konserven, die ich als Nächstes einräumen wollte, bog um die Ecke des Konservengangs, und siehe da, wer stand vor dem Regal? Genau:

Frau Nö. Dieses Mal war die Palette ja voll, sodass ich genug Zeit hatte, zunächst die anderen Artikel einzuräumen. Irgendwann war Frau Nö auch weg, sodass ich meine verbliebenen Konserven einräumen konnte. Ich bückte mich nach unten, um Platz zu machen für die neue Ware, die nach hinten ins Regal gehörte, und um die Reste davor wieder aufzubauen. Ich krabbelte also im Regal herum und bemerkte auf einmal, wie mir jemand auf den Hintern haute. Ich drehte mich hastig um und war sprachlos. Hinter mir stand Frau Nö, die mich angrinste und sagte:

»Sexy!«

Ich war geschockt und wusste kaum, was ich sagen sollte. Mir fiel nicht mehr ein als »Nein!«. Ich sagte ja, ich habe echt viel im Discounter erlebt, aber irgendwer schafft es dann doch noch, einen neuen Tiefpunkt zu erreichen. Die Kundin ging dann kichernd weiter, und ich stand doof vorm Regal. Zu allem Überfluss kam in dem Moment die Chefin vorbei, die mich gleich anpflaumte:

»Klein, das muss schneller gehen, oder sitzt da ein Geist im Regal?«

Ich schaute sie böse an und griff ihren Arm:

»Mitkommen, sofort, wir gehen eine rauchen.«

Und ich erzählte ihr die Geschichte beim Qualmen einer Zigarette, aber anstelle des erhofften Mitgefühls lachte sie mich nur aus.

»Fühlen Sie sich doch geschmeichelt«, sagte sie, aber das tat ich nicht und sagte es auch unmissverständlich: »Nein.«

Ich habe seither immer drauf geachtet, wie ich mich bücke, damit so was nie wieder passiert. Die Kundin sah ich auch nie wieder, was mir und meinem Hintern echt guttat.

SEXY!
PATSCH!

39

FLIEGENDE BRÖTCHEN

ALS VERKÄUFER LEBST DU GEFÄHRLICH, ich glaube, das habe ich schon an einigen Stellen in diesem Buch klargemacht. Allerdings gibt es immer auf jeden Fall noch gefährlichere Jobs als meinen, Raubtierdompteur zum Beispiel, Kampfjetpilot vielleicht oder Bäckereifachverkäufer.

Auf der gegenüberliegenden Straßenseite unseres schicken Discounters stand eine kleine Bäckerei mit angeschlossenem Café-Betrieb. Dort war ich auch häufiger Gast, um mit einer Kollegin nach der Frühschicht den Feierabend mit einer Tasse Kaffee zu begießen. Die Mitarbeiter dort waren immer sehr nett und zuvorkommend, letztlich hatten sie ja auch denselben Job wie wir und teilten demnach Freud und Leid der Kundschaft.

Ich war natürlich geschockt, als eines frühen Abends, es muss so gegen 17.00 Uhr gewesen sein, eine Sirene losjaulte und Sekunden später der erste Feuerwehrwagen mit Blaulicht und lautem Tatütata in unsere Straße bog. Ich rannte auf den Parkplatz, um zu sehen, was passiert war, aber gottlob war nicht unser Laden betroffen, sondern die Bäckerei gegenüber brannte. Dicke, dunkle Qualmwolken erhoben sich in den Himmel, und das Dach des eingeschossigen Baus war zur Hälfte pechschwarz. Es kamen noch drei weitere Einsatzwagen der Feuerwehr, und auch ein Krankenwagen erschien kurz darauf, der sich bei uns auf den Parkplatz stellte. Wie ich später erfahren sollte, war aber keinem der Bäckereikollegen etwas passiert, außer dem Schock, sich einer wahren Feuersbrunst gegenüber zu sehen.

Von unserem Parkplatz aus guckten sich zahlreiche Schaulustige das Spektakel an, das aber letztlich von kurzer Dauer war, denn 30 Minuten später war der Brand gelöscht, und die Einsatzkräfte zogen der Reihe nach wieder ab. Jetzt gab es nur noch ein Problem: Der Bäcker war abgebrannt und konnte keine Brötchen mehr verkaufen!

Wir im Discounter backen ja selbst Brötchen. Wir bestellen täglich und bekommen auch täglich neue Aufbackware. Es gibt keine Zeitvorgaben dafür, wann und wie viele Brötchen wir backen müssen, denn schließlich hat jede Filiale einen anderen Absatz. Aufgrund des Bäckers gegenüber gehörten wir zu den Filialen, die eher wenig Backwaren am Tag verkauften und entsprechend wenig Vorrat hatten. An solch einem Tag konnte es dann natürlich passieren, dass auch uns die Brötchen ausgingen, weil die Kundschaft der Bäckerei einfach zu uns kam. Als ich sah, dass die Brötchenlade leer war, backte ich die letzen 19 Rohlinge auf und legte die frischen Brötchen ins Fach. Es dauerte kaum zwei Minuten, bis ein Kunde vor mir stand und fragte: »Haben Sie noch Brötchen?«

Ich entgegnete: »Wenn dort im Brötchenfach keine mehr sind, dann haben wir leider keine Brötchen mehr. Da die Bäckerei heute abgebrannt ist, haben wir viel mehr verkauft als üblich.«

Er motzte sofort los: »Mit *Brötchen* meinen Sie die pappigen Dinger, die Sie da im Fach haben? Die sind doch von gestern. Ich will, dass Sie mir sofort frische Brötchen aufbacken, und zwar zackig, ich habe es eilig!«

Na prima, das könnte der Lieblingskunde des Tages werden. Egal, für diese Art Kunden hatte ich immer einen guten Spruch im Repertoire. Ich versuchte es hiermit: »Oh, das tut mir wirklich leid, denn Herr *Will* ist leider gestorben, aber Frau *Bitte* ist noch im Haus.«

Er kratzte sich am Hinterkopf. »Ist das Ihre Chefin? Die möchte ich sofort sprechen!« Er hatte mich falsch oder vermutlich sogar gar nicht verstanden, denn er hielt Frau *Bitte* für meine Chefin und wollte sie sprechen. Ich grinste und spielte den Erklärbär.

»Nein, das ist nicht die Chefin, ich wollte daran erinnern, dass man Bitte und Danke sagen kann.«

ICH WILL, DASS SIE MIR SOFORT FRISCHE BRÖTCHEN AUFBACKEN UND ZWAR ZACKIG, ICH HABE ES EILIG!
OH, DAS TUT MIR WIRKLICH LEID, DENN HERR WILL IST LEIDER GESTORBEN, ABER FRAU BITTE IST NOCH IM HAUS.

Er blickte mich kopfschüttelnd an, stammelte ein »Entschuldigung« und trottete in Richtung der Backwaren. Kaum hatte ich die Angelegenheit im Kopf abgehakt, stand ebendieser Kunde wieder vor mir, in seiner Hand eine Papiertüte, durch deren Folie man drei Brötchen darin sehen konnte. »Wollen Sie mich verarschen? Die sollen frisch sein?« Er wedelte wild mit der Brötchentüte herum.

»Die sind doch von gestern, vermutlich sogar noch älter. Ich will sofort frische Brötchen haben.«

Der Moment war erreicht, an dem ich mich einmal wieder von Freundlichkeit und Höflichkeit verabschieden musste, denn beide halfen wie so häufig nicht. »Tja, das ist alles sehr schön, was Sie so wollen und dem ganzen Laden hier mitteilen«, begann ich, ihm in die Parade zu fahren. »Wissen Sie, ich will auf der Stelle Feierabend machen, außerdem einen dampfenden Kaffee, ach, und die Lottozahlen von nächster Woche – merken Sie was? Das ist hier halt kein Wunschkonzert. Dass unsere Brötchen eine andere Qualität haben als die von einem Bäcker, versteht sich wohl von selbst, oder? Trotzdem sind die Brötchen da in Ihrer Tüte frisch!«

Okay, war ich wieder einmal zu weit gegangen? Natürlich wurde er richtig sauer, aber musste ich mir denn alles gefallen lassen, zumal ich ihm auch wirklich nicht helfen konnte? Schließlich hob er seine Tüte an, schmiss die Brötchen nach mir und schrie los:

»Dann behalte deine Scheiße und schieb sie dir sonst wohin.«

Als er an mir vorbei in Richtung Ausgang rauschte, erklärte ich ihm noch: »Ich habe keinen Bedarf, mir die Dinger irgendwo hinzuschieben außer vielleicht in den Mund.«

Ist doch wahr! Kann man als Verkäufer in solchen Situationen überhaupt richtig reagieren? Ich weiß bis heute nicht wie. Er war an diesem Tag übrigens mein einziger Lieblingskunde. Und ich war heilfroh, dass schon zwei Tage später die Kollegen aus der Bäckerei gegenüber von einem mobilen Verkaufsstand aus *richtige* Brötchen verkauften.

40

ICH MUSS AUF TOILETTE

FÜR HEUTE HATTE SICH BESUCH ANGEKÜNDIGT: Es wurden die sogenannten hohen Herren aus der Verwaltung erwartet. Natürlich bedeutet solch eine Visite noch einmal extra Arbeit. Nicht nur, dass alles strikt nach Vorschrift abgewickelt werden musste, nein, wir hatten den Abend zuvor bereits damit begonnen, den Laden zu schrubben und zu wienern und auf Hochglanz zu polieren, schließlich wollte die Chefin einen guten Eindruck hinterlassen. Sie war ohnehin ein Bündel an Nervosität, wenn die Zentrale ein Prüfungskommando entsandte; heute aber hatte ich das Gefühl, als ginge es um ihr nacktes Überleben, so wie sie uns durch den Laden scheuchte. Sie hatte offenbar richtige Angst vor diesen Abgesandten, als wäre es das Killerkommando irgendeiner Geheimorganisation, das hinter ihr her war. Schweiß stand ihr auf der Stirn, und sie versuchte, überall gleichzeitig zu sein, um allerlei Anweisungen zu geben, die meiner Meinung nach größtenteils absurd oder überflüssig waren.

Mir war das allerdings weitgehend egal, ich hatte nie Probleme mit den Herren in den dunkelgrauen Anzügen gehabt. Wenn sie merkten, dass ich etwas falsch gemacht hatte, erklärten sie mir, wie es besser geht und dass man schließlich aus Fehlern lernen könne. So grüßten sie mich auch heute freundlich, als sie hereinkamen, ich grüßte zurück und sah, wie sie völlig unbeeindruckt von der klinischen Sauberkeit des Ladens zur Chefin ins Büro gingen.

Was immer die Herren mit der Chefin zu besprechen hatten, es dauerte nicht sehr lange, und sie kehrten zurück in den Laden und stellten sich hinter mich, um mir beim Kassieren zuzusehen. Klar, das war kein tolles Gefühl, bei seiner Arbeit beobachtet zu werden; ich hatte die Tendenz, in solchen Momenten auf jeden Fall etwas falsch zu machen, quasi Prüfungsangst. Auch wenn ich wusste, dass mir nicht wirklich etwas Schlimmes passieren konnte, versuchte ich, mich auf die Arbeit und die Regeln zu konzentrieren, damit ich einen guten Eindruck hinterlassen konnte.

Eine Kundin stellte sich an die Kasse an und legte ihre Einkäufe aufs Band. Ich bemerkte sofort, dass sie nervös zu sein schien; irgendwie tänzelte sie herum, als ich damit begann, ihre Waren einzuscannen. Ich sprach sie an:

»Guten Tag, ist bei Ihnen alles okay? Sie wirken so … aufgeregt.«

Sie hüpfte weiter von einem Fuß auf den anderen und beugte sich schließlich vor, um mir leise zu gestehen:

»Ich muss dringend auf die Toilette.« Oje, das passierte ausgerechnet jetzt, im Angesicht der Kontrolleure in meinem Nacken. Natürlich gibt es eine Toilette, aber die ist nicht für die Kunden, sondern nur für die Mitarbeiter gedacht. Entsprechend wurde es überhaupt nicht gern gesehen, wenn wir Ausnahmen machten und doch Kunden auf die Toilette ließen. Andererseits sollte meiner Ansicht nach jeder Verständnis dafür haben, dass einem wirklich dringenden Bedürfnis nachgegeben werden musste. Dementsprechend waren mir die Anzugträger in meinem Nacken egal, und ohne zu zögern klingelte ich nach meiner Chefin. Der Kundin erklärte ich, dass sie sich nur noch einen kurzen Moment gedulden müsse, weil sie jemand auf dem Weg zur Toilette begleiten musste. Es dauerte einen Augenblick, und die Dame wurde inzwischen ruhiger, vermutlich vor Erleichterung, weil ihr Problem in Kürze gelöst werden würde. Die Chefin kam um die Ecke.

»Ja, Herr Klein, was ist denn los?«

»Die Kundin müsste mal dringend für kleine Mädchen.«

Sie blickte erst mich an, dann die hohen Herren und dann wieder mich.

»Sie wissen schon, dass wir das eigentlich nicht dürfen?«

Ich verdrehte die Augen.

»Ja, das weiß ich natürlich, aber das hier ist ein Notfall.«

Ich zwinkerte der Kundin zu, während ich die letzten Artikel über die Kasse zog.

»Können wir bitte mal eine Ausnahme machen?«

Die Chefin sah mich wenig begeistert an. Die Kundin hatte in der Zwischenzeit ihren Einkauf bezahlt und eingepackt, als die Chefin sich einen Ruck gab und sagte:

»Dann kommen Sie schnell mit. Ich zeige Ihnen die Toilette.«

Die Kundin zuckte aber mit den Schultern und meinte:

»Nun ist es zu spät.«

Sie grinste tatsächlich und schob gemütlich ihren Einkaufswagen aus dem Laden. Man konnte an ihrem linken Bein sehen, dass es wirklich zu spät gewesen war. Die Frau tat mir total leid, aber gleichzeitig bewunderte ich ihre Disziplin, mit der ganzen Sache umzugehen. Die Herren hinter mir blieben stumm, und meiner Chefin sah ich es an der Nasenspitze an, dass sie völlig fassungslos war. Ich merkte in diesem Moment allerdings, dass mich kaum noch etwas schocken konnte, denn ich stellte meine Kasse völlig selbstverständlich auf Pause und stand auf, um mich anderen Aufgaben zu widmen. Doch da sprach mich einer der Anzugtypen an und fragte:

»Herr Klein, was war das denn bitte?«

Sollte mir jetzt ernsthaft ein Vorwurf daraus gemacht werden, dass ich eine Kundin zur Toilette ließ? Mir war egal, was sie meinten, ich antwortete einfach wahrheitsgetreu:

»Wissen Sie, so ist der Alltag bei uns. Ich bin heilfroh, dass die Hose saugfähig war, sonst hätte ich hier noch wischen dürfen. Und glauben Sie mir bitte, dass ich das echt nicht so gern gemacht hätte.«

Die hohen Herren sahen mich nur sprachlos an, also ging ich fröhlich in den Laden, um Ware aufzufüllen. Ich beschloss, bei den Windeln anzufangen.

41

KLEINE GESCHENKE ERHALTEN DIE FREUNDSCHAFT

HEY, ES GESCHEHEN NOCH WUNDER. An diesem Tag waren wir zu viert im Laden, was natürlich ein Planungsfehler war, denn normalerweise sind drei ja das absolute Maximum an Mitarbeitern in einer Schicht. Wir konnten uns nicht entscheiden, ob und wer nach Hause gehen sollte, doch extra deshalb die Chefin anrufen wollten wir auch nicht, also blieben wir alle. So konnten wir auch eine Menge schaffen und hatten die Hoffnung, ausnahmsweise pünktlich Feierabend machen zu können. Wie sich noch herausstellen sollte, war es von großem Vorteil, dass wir so viele Leute waren.

Es gab inzwischen eine ganze Reihe ehemaliger Kunden, die bei uns im Laden aus allen möglichen Gründen Hausverbot hatten. Und natürlich stand jetzt einer von ihnen in der Türe. Er war drogenabhängig, was man eindeutig sah. Ich hatte mit diesem Mann nie Probleme gehabt. Im Gegenteil, er war immer ziemlich freundlich zu mir gewesen, auch wenn er mich schon immer duzte, was ich dann natürlich auch tat. Meine Kollegin Caro erkannte ihn wieder und sagte, dass er Hausverbot hatte, weil er erst gestern bei uns geklaut hatte. Das konnte durchaus sein, ich hatte tags zuvor keinen Dienst gehabt, also wusste ich davon nichts. Da ich der einzige Mann im Laden war, wurde mir die zweifelhafte Ehre zuteil, den Mann auf das Hausverbot hinzuweisen. Ich war nur mäßig begeistert, denn natürlich hatte ich ein bisschen Angst davor, dass ich mit gebrochenen Knochen im Krankenhaus landen oder mit Gott weiß was zwischen den Rippen steckend elendig verrecken würde. Aber da musste ich eben durch. Da ich den Mann aber in positiver Erinnerung hatte, erwartete ich keine allzu großen Schwierigkeiten. Ich ging also zu ihm:

»Hi, meine Kollegin sagte mir gerade, dass du Hausverbot hast. Darf ich dich bitten, den Laden zu verlassen, sonst müssten wir die Blauen holen, weil das Hausfriedensbruch wäre.«

Er reagierte erstaunlich vernünftig.

»Also nein, da muss mich deine Kollegin verwechseln. Ich war das nicht.«

Ich glaubte ihm zunächst und ging noch einmal zu meiner Kollegin.

»Caro, er sagt, er ist das nicht und dass du ihn verwechselst.«

»Nein, ganz sicher nicht. Komm, wir gehen mal gemeinsam hin.«

Gesagt, getan: Nebeneinander kamen wir vor dem Verdächtigen an, und Caro sagte ihm auf den Kopf zu:

»Ich habe Ihnen doch gestern Hausverbot erteilt und möchte Sie bitten, jetzt zu gehen.«

Er schaute sie an und zeigte ein Gesicht, das ich von ihm noch nicht kannte.

»Ey, Schlampe, du hast mir gar nichts zu sagen. Verpiss dich dahin, wo du hergekommen bist.«

Erwähnte ich schon, dass ich Unhöflichkeit und schlechte Erziehung nicht leiden kann? Also hier hatten wir eindeutig wieder solch einen Fall vor der Brust. Auch wenn ich überhaupt keine Lust auf Stress hatte, blieb mir nichts anderes übrig, als das Ruder zu übernehmen:

»So, Kollege«, fing ich an, »dann hast du eben ab jetzt Hausverbot, denn meine Kollegin muss sich von dir nicht beleidigen lassen. Los, raus jetzt!«

Das war es dann wohl gewesen mit der großen Freundschaft zwischen uns. Er stellte auf stur und blökte zurück:

»Nein, Mann, ich geh nicht, und nun lass mich in Ruhe einkaufen.«

Ich stellte mich vor ihn, um ihm den Weg zur Tür zu zeigen. Die anderen Kolleginnen waren herbeigeeilt und bildeten zusammen mit Caro eine Wand hinter mir. Nun sah er offenbar ein, dass weiterer Widerstand keinen Zweck hatte, drehte sich um und ging schweigend zur Türe. Doch so ganz traute ich der Sache noch nicht, denn er war irgendwie zu ruhig. Wir waren an der Türe angekommen, und ich erklärte die Sache noch einmal:

»Das Hausverbot gilt für zwei Jahre, und du ersparst uns und dir eine Menge Ärger, wenn du dich einfach daran hältst.«

Er hörte zu und sagte kleinlaut:

»Ist okay und sorry für den Stress.«

Ich war überrascht, dass er so einsichtig war. War die Sache damit wirklich schon erledigt? Waren wir doch wieder Freunde? Ich ging die vier Schritte bis zum Kassenbereich zurück, als ich mich umdrehte und sah, wie ein Blumentopf samt Pflanze darin geflogen kam. Ich wich gerade noch aus und hörte von draußen ein gebrülltes *»Du Arschloch!«*. Durch mein Wegdrehen konnte ich zwar nicht sehen, wer das getan hatte, aber meine Kollegin bestätigte mir natürlich, dass es unser netter Freund von soeben war.

Caro entsorgte den Blumentopf, und wir riefen unseren Bezirksleiter an, um ihm von dem Vorfall zu berichten. Der fand das alles sehr lustig, *na besten Dank auch für den Beistand …* Aber *mein Freund* hielt sich ans Hausverbot, denn ich sah ihn nie wieder.

»Was war das eigentlich für eine Blume?«, wollte ich später interessehalber von Caro wissen. »Das war keine Blume, es war Ziergras!«

Na klar, dachte ich, *Gras, was auch sonst?* Also war es kein Wurfgeschoss, nein, es war ein Geschenk! Das schönste Abschiedsgeschenk, das ein Kiffer machen kann. Doch noch Freunde …!

42

WAS KOSTET?!

SPRECHEN WIR KURZ ÜBER VORURTEILE. Warum? Weil in meiner nächsten Story der Eindruck entstehen könnte, dass ich möglicherweise besondere Probleme mit bestimmten Kunden hätte, weil sie vielleicht Ausländer sind, Türken oder Italiener, Kriegsversehrte, Griechen oder Hartz-IVler oder Porschefahrer, Drogenkranke oder Anzugträger, Alkoholiker, senile Senioren oder, oder, oder … wie lang soll ich diese Liste fortschreiben? Es ist einfach an der Tagesordnung, dass im Discounter Kunden aller Art, aller Geschlechter, aller Religionen, aller Krankheiten, aller Nationalitäten, aller Bildungsstände oder Einkommensschichten ihren Einkäufen nachgehen. Dass in manchen Fällen ein gebrochenes Deutsch für besonders ulkige Momente sorgt, hat aber weder etwas mit Rassismus noch mit Diskriminierung zu tun, es ist einfach nur wahr.

Wir im Discounter haben ja immer sehr viel zu tun. Zeit zum Durchatmen bleibt selten. Einige unserer Kunden scheinen dagegen echte Langeweile zu haben, so wie meine nächste Kundin: Jeder meiner Kollegen kannte sie, und ich meine wirklich jeder. Denn sie kam über viele Wochen hinweg jeden Morgen, meistens stand sie schon vor Ladenöffnung vor der Tür. Eigentlich war sie eine Kundin wie jede andere, nur dass sie tatsächlich täglich in den Laden kam. Sie hielt sich zumeist ziemlich lang im Laden auf, aber gekauft hat sie selten etwas. Und sie kam jeden Morgen mit einem Artikel zur Kasse und fragte jeden Morgen:

»Was kostet?«

Es war immer dasselbe und obwohl im Grunde überall Preisschilder an den Waren oder Regalen befestigt waren, fand sie irgendwie doch einen Artikel, der kein Preisschildchen hatte. Uns beschlich das Gefühl, dass sie die Etiketten selbst entfernte, aber ich möchte hier keinem etwas unterstellen. Und so fragte sie jeden Morgen genau einen Artikel ab, und egal welchen Preis man ihr nannte, gekauft hat sie diesen Artikel schlussendlich nie, zumindest ging es mir so. Sagen wir *fast nie*, denn eines Morgens war es anders.

Es war wieder so weit, sie stand schon vor der Tür, als ich aufschloss. Sie stürmte an mir vorbei in den Laden, als ob wir das tollste Sonderangebot des Jahrhunderts in der Werbung hätten, was wir natürlich nicht hatten. Kopfschüttelnd schaute ich hinter ihr her und ging schließlich an mein Tagwerk. Sie verblieb wieder gute 30 Minuten im Laden. Ich räumte mit der Chefin in der Zeit das Obst ein. Das war nämlich eine der Aufgaben, die man als Kassierer nebenbei machen muss in der Frühschicht. Claudia und ich scherzten ein wenig herum, als ich auf einmal von der Kasse hörte:

»Hallo, arbeitet hier jemand?«

Ich antwortete trocken:

»Nein, wir tun alle nur so …«, machte mich aber natürlich auf den Weg zur Kasse. Dort sah ich eine Kundin stehen, die ihre drei Brötchen bezahlen wollte.

»'Tschuldigung, ich habe Sie nicht gesehen«, erklärte ich ihr.

»Kein Problem, Sie haben ja genug zu tun. Ich habe heute frei und habe Zeit.«

Ich kassierte die Brötchen ab, und sie wünschte mir einen schönen Tag. Und dann sah ich sie, unsere Stammkundin. Wie es aussah, war die Suche nach dem Artikel ohne Preis erfolgreich verlaufen. Sie stand mit einem Topf vor mir, bei dem ich mir sicher war, dass er ein Preisschild hatte, denn genau das hatte ich persönlich tags zuvor an dem Topf befestigt. Sie reichte mir den Topf und fragte:

»Was kostet?«

Wie üblich gab es keine Begrüßung oder andere Formen der Höflichkeit, einfach nur ihre Standardfrage. Alle Kollegen konnten bestätigen, dass diese Frage das Einzige war, was sie von dieser Frau zu hören bekamen, und dass sie noch nie einen dieser Artikel gekauft hatte. Also dachte ich mir an diesem Morgen, dass es ja eigentlich komplett egal war, welchen Preis ich ihr nannte. Ich scannte also den Artikel und sagte ihr:

»Guten Morgen, der Topf kostet eine Million Dollar.«

Ich gebe zu, den Spruch hatte ich mir aus einer Comedy-Serie abgeguckt, aber ich konnte es mir einfach nicht verkneifen. Dann geschah etwas, was ich nicht glauben konnte:

»Gut«, sagte sie.

Sie wollte den Topf kaufen …! Waren ihr die anderen Artikel, bei denen sie wochenlang nach dem Preis gefragt hatte, zu billig? Lag es an der Währung? Ich konnte es nicht fassen, und selbst die Chefin wollte ihren Augen und Ohren nicht trauen. Ich scannte den Topf noch einmal und sagte ihr den korrekten Preis:

»18,99 Euro, bitte.«

Sie sah mich entgeistert an:

»Sagtest du andere Preis, für das ich nicht haben möchte!«

Nun kam ich mir verschaukelt vor wie ein Pinguin auf einer Schaukel, sozusagen ein *Schwinguin.*

»Nur dass ich das richtig verstehe«, fragte ich, »für eine Million Dollar nehmen Sie den Topf mit, aber für 18,99 Euro nicht?«

Sie nickte vollkommen überzeugt, und ich erklärte ihr, dass wir hier in Deutschland üblicherweise Euro nehmen und sie den Topf in unserer Währung bezahlen müsste, und zwar für 18,99 Euro. Sie schaute mich an, zuckte mit den Schultern, ließ den Topf stehen und ging. Ich ärgerte mich schon ein wenig, ich hätte es einfach darauf ankommen lassen sollen und sie die Million Dollar bezahlen lassen sollen oder zumindest abwarten sollen, was vielleicht als Nächstes passiert wäre. War das meine Millionenchance gewesen? Selbst in Dollar wäre das ja ein echt nettes Polster gewesen. Hm.

Tja, meine Chefin konnte die Story auch kaum glauben, sie hatte die ganze Geschichte ja direkt mitbekommen. Später zumindest konnte ich stolz meinen Kollegen davon erzählen, dass ich ganz kurz davor gewesen war, *Frau Was kostet?* tatsächlich etwas zu verkaufen.

Die Kundin kam natürlich weiter jeden Morgen einkaufen und fragte auch weiterhin jeden Morgen nach einem Preis, aber gekauft hat sie bis heute nicht einen dieser Artikel.

43

ZIGARILLO FÜR ALLE?

NACH DEM UMBAU unseres Ladens hatten wir einen schicken, neuen Zigarettenständer bekommen. Der hing direkt oberhalb der Kasse, sodass nur die Kassierer Zugang zu den Glimmstengeln hatten und die Kunden uns danach fragen mussten. Das war im Grunde eine gute Erfindung, denn die Diebstahlquote bei Zigaretten war in der Vergangenheit immer recht hoch gewesen. Allerdings hatte das Gerät auch so seine Tücken, bei einem plötzlichen Aufstehen hatte ich mich einmal so arg an dem Ständer gestoßen, dass ich mir eine heftige Platzwunde zugezogen hatte. Und natürlich bot diese neue Zigaretten-Angebotsform auch eine weitere Möglichkeit, wie wir Kassierer von Kunden in den Wahnsinn getrieben werden konnten.

Es geschah abends während der Spätschicht, und es war Monatsanfang, die Kundschaft hatte also wieder frisches Geld in der Tasche und kam in Scharen auch zu uns in den Laden.

Ein Kunde stellte sich an der Kasse an, hatte allerdings nichts aufs Band gelegt und er hielt auch nichts in den Händen, also konnte man vermuten, dass er nur rasch eine Packung Zigaretten kaufen wollte. Dass ich mich aber fast eine halbe Stunde mit diesem Kunden auseinandersetzen werden würde, ahnte ich in dem Moment natürlich nicht.

Er war an der Reihe.

»Guten Abend«, begrüßte ich ihn.

»Ja hallo, ich hätte gern eine Schachtel Zigarillos«, sagte er und deutete auf den Zigarettenständer. *Aha, Zigarillos, keine Zigaretten,* dachte ich mir, aber ich hatte trotzdem ganz gut getippt.

»Die kleinen oder die großen?«

»Die kleinen.«

Ich drehte mich um und holte eine kleine Schachtel Zigarillos hervor, die ich auch gleich einscannte.

»Das macht 1,80 Euro, bitte.« Er kramte in seiner Tasche herum und präsentierte mir dann gefühlte zwanzigtausend 10-Cent-Münzen.

»Sammeln Sie sich die bitte raus, ich sehe so schlecht«, bat er mich, und ich begann, 18 Münzen abzuzählen.

»So«, sagte ich, »ich habe die 1,80 EUR. Den Rest können Sie wieder einstecken.«

Das tat er auch, während ich die Münzen in die Kasse klimpern ließ.

»Möchten Sie den Kassenbon haben?«, fragte ich zuletzt.

»Den brauche ich nicht.«

»Gut, dann wünsche ich Ihnen noch einen schönen Abend.«

Ich wollte mich gerade dem nächsten Kunden widmen, als mir klar wurde, dass der Typ stehen geblieben war. Ich blickte ihn an und er sagte:

»Ich hätte gern noch eine Schachtel.«

Ja, okay, das sah nach spontaner Entscheidung aus, kein Problem, so etwas kommt vor. »Wieder eine kleine?«, fragte ich.

»Ja.«

Ich drehte mich also wieder um, fischte eine weitere kleine Schachtel aus dem Ständer, scannte sie und sagte:

»Das macht dann noch mal 1,80 Euro, bitte.«

Na klar, wieder kramte er in der Tasche herum, um seine Cents hervorzuholen, und ich musste erneut selbst weitere 1,80 abzählen.

»So, nun aber. Einen schönen Tag wünsche ich Ihnen.«

Aber er blieb weiterhin stehen. Ich ahnte, worauf das Ganze hinauslief, und, siehe da, er sagte doch tatsächlich:

»Eine Schachtel Zigarillos bitte.«

Langsam war ich genervt.

»Eine kleine wie immer?«

»Fragen Sie doch nicht so blöd, Sie wissen doch, was ich will.«

Ich schluckte und scannte die kleine Schachtel, als er sagte:

»Ich wollte eine große Schachtel!«

War das wirklich sein Ernst? Da er nichts weiter sagte, blieb mir nichts anderes übrig, als die kleine Packung Zigarillos zu stornieren und eine große Packung hervorzuklauben. Ich brummte:

»2,20 Euro.«

Für ein freundliches *Bitte* oder *Danke* war mir die Situation inzwischen zu blöd. Er legte mir wieder sein Kleingeld auf das Band, ich suchte mir erneut den Betrag heraus und fragte automatisch, ob er den Bon braucht.

»Nein, brauch ich nicht.«

Er ging noch immer nicht, sondern sagte, was jeder in der Schlange an der Kasse inzwischen längst geahnt hatte:

»Eine kleine Schachtel Zigarillos …«

Ich hatte wirklich keine Lust mehr und antwortete:

»Die sind alle!«

Ich wollte mich wirklich nicht weiter veräppeln lassen.

»Aber ich sehe die doch da oben …«

Da hatte er natürlich recht. Ich musste mir etwas Neues einfallen lassen und griff zu einer List. Da der Zigarillomann ja offensichtlich kein Portemonnaie dabeihatte, fragte ich frech weg:

»Haben Sie einen Ausweis dabei?«

Er schaute mich ungläubig an und antwortete stotternd:

»Nein.«

Jetzt war ich mir sicher, dass mein Plan aufgehen würde.

»Dann darf ich Ihnen die Zigarillos leider nicht verkaufen. Ich bin mir nämlich wirklich unsicher, ob Sie schon 18 Jahre alt sind, und ich möchte keinen Ärger bekommen.«

»Aber Sie haben mir doch gerade schon drei Schachteln verkauft …«

»Da war ich mir auch noch ganz sicher, dass Sie schon 18 Jahre alt sind. Inzwischen bin ich mir aber gar nicht mehr sicher, und ohne Ausweis gibt es keine Zigarillos von mir.« Genüsslich tippte ich auf den Aufkleber an der Kasse, der darauf aufmerksam machte, dass wir uns an das Jugendschutzgesetz hielten und jederzeit Ausweise kontrollieren durften. Er sah mich komplett entgeistert an, drehte sich um und ging zur bis zur Tür … und kam dann wieder zurück. Mir ging in dem Moment alles Mögliche durch den Kopf, vor allem, dass die ganze Sache vielleicht eine Kontrolle war und Mr Zigarillo in Wirklichkeit ein Mitarbeiter der Zentrale war, der meine Geduld testen wollte, aber was er dann sagte, haute mich fast vom Stuhl:

»Junger Mann?«

Ich schaute so freundlich wie möglich zu ihm hinüber, weil ich mir inzwischen ganz sicher war, dass er sich jetzt als Tester zu erkennen geben würde.

»Ja bitte?«

»Ich habe einen Umtausch: Ich würde gern die Zigarillos umtauschen.«

In meinem Kopf kamen Mordgedanken auf, aber wenn das immer noch ein Test war, musste ich unbedingt ruhig bleiben. Ich sortierte meine Gedanken, atmete tief durch und schaute ihm grinsend ins Gesicht.

»Gern, haben Sie den Kassenbon?«

Er lief rot an, als wollte er jeden Moment platzen. So langsam machte es doch noch Spaß. »Diese Zigarillos habe ich gerade bei Ihnen gekauft. Sie wissen, dass ich keinen Kassenbon haben wollte.«

»Sie können nicht von mir verlangen, dass ich mir jedes Gesicht merke. Schauen Sie mal die ganzen Kunden hier«, ich deutete auf die Schlange an der Kasse, »ich kann mich wirklich nicht an Sie erinnern. Es tut mir ausgesprochen leid, aber ohne Beleg darf ich nichts umtauschen.«

Er wollte noch etwas sagen, aber ich ließ ihn erst gar nicht dazu kommen und beendete das Gespräch:

»Und da gibt es auch nichts zu diskutieren!«

Mit hochrotem Kopf drehte er sich um und verließ eilig den Laden. Niemand aus der schier endlosen Schlange an der Kasse wollte nach diesem Vorfall Zigarillos oder Zigaretten kaufen. Ob das nun ein Zufall war, kann ich beim besten Willen nicht sagen …

44

MECKERKASTEN

ICH HATTE MIR eine böse Erkältung eingefangen, wollte aber meine Kollegen nicht hängen lassen und ging trotzdem zur Arbeit. Allerdings war ich entsprechend mies gelaunt und reizbar. Als mir meine Chefin die Kassenlade gab, unterhielten wir uns noch kurz.

»Die Kunden sind heute sehr schräg drauf. Ich habe keine Ahnung, was hier los ist«, warnte sie mich. Das war zwar nichts wirklich Neues für mich, aber ich fragte trotzdem interessiert nach:

»Warum? Was war denn los?«

Sie zuckte mit den Schultern.

»Ich hatte vorhin einen Kunden, der sich darüber beschwert hat, dass die Bananen kein Mindesthaltbarkeitsdatum haben, und dann hatte ich eine Kundin, die unseren Bäcker sprechen wollte, weil er so schöne Brötchen formt. Ich habe bei beiden einfach nur den Kopf geschüttelt und bin gegangen, denn was hätte ich dazu sagen sollen?«

Jeden Menschen würden solche Fragen wohl überraschen, aber uns im Discounter nicht mehr. Ich freute mich also *ganz besonders* auf meine Schicht, nahm meine Kasse und setzte mich auf den sehr bequemen Stuhl an der Kasse. Es lief auch alles gut, nur meine Erkältung machte mir zu schaffen. Zu mir waren die Kunden sehr nett an diesem Tag, viele wünschten mir gute Besserung, und ich fragte mich schon, was die Chefin wohl gemeint hatte, als sich ein Kunde anstellte, dem man sofort ansah, dass er Stress bedeuten würde. Ja, im Laufe der Zeit bekommt man einfach einen Blick dafür. Der unscheinbare Mann mochte Mitte 40 gewesen sein und trug eine abgewetzte Baseballkappe auf dem Kopf. Er kaufte drei Artikel, trennte diese aber fein säuberlich mit einem Kundentrenner. Ich ahnte, was er vorhatte, und fragte höflich:

»Guten Tag, soll ich alles einzeln abkassieren?«

Er nickte mir zu.

»Na, das machen wir doch glatt«, sagte ich zu ihm und scannte zunächst ein Brot ein.

»1,19 Euro bekomme ich bitte von Ihnen für Teil eins des Einkaufs ...«

Er legte mir ein 2-Euro-Stück auf den Tisch, und ich tippte den Betrag in die Kasse.

»Und 81 Cent zurück, und den Kassenbon bitte nicht vergessen.«

Als Zweites rollte mir eine Plastikflasche Bier entgegen, die ich ebenfalls über die Kasse zog. »Das macht dann 54 Cent, bitte.«

Er schaute ungläubig zum Kassendisplay, und ich hörte seine ersten Worte:

»Das kann aber nicht sein. Da steht 29 Cent am Regal.«

Ich musste selbst einen Augenblick überlegen, und dann fiel es mir ein:

»Das ist richtig, aber dazu kommen ja noch 25 Cent Pfand.«

Nun, das sah er aber nicht wirklich ein.

»Nein, das möchte ich aber nicht zahlen. Ziehen Sie das Pfand bitte wieder ab. Ich bringe die Flasche auch zurück.«

Aha, jetzt wurde mir langsam klar, was die Chefin heute früh meinte. Also gut, auf ins Gefecht.

»Das kann ich leider nicht machen«, erläuterte ich ihm das Problem, »das ist gesetzlich geregelt. Es tut mir leid.«

Er wollte es nicht begreifen und fragte nach:

»Gesetz? Das ist mir doch egal. Nimm die 25 Cent sofort wieder raus!«

Ich versuchte, es noch einmal freundlich zu erklären:

»Ich kann das Pfand nicht stornieren, es ist ein Gesetz, dass wir Pfand einbehalten müssen, wenn wir PET-Flaschen verkaufen. Sie bekommen die 25 Cent ja wieder, wenn sie das Leergut zurückbringen. Das hängt mit dem Umweltschutz zusammen.«

Nein, er wollte es nicht wahrhaben.

»Nimm jetzt sofort das Pfand da raus! Der Kunde ist immerhin König …«

Ich fiel ihm ins Wort, denn ich hatte wirklich keine Lust auf Diskussionen.

»Selbst wenn der Kunde König ist, sitzt der Kaiser immer noch an der Kasse, und entweder nehmen Sie das Bier jetzt *mit* Pfand oder Sie nehmen es *gar nicht*. Ich diskutiere hier doch nicht den ganzen Tag mit Ihnen!«

Ich bemerkte, dass die an der Kasse anstehenden Kunden langsam genervt waren. Aber er beschwerte sich ungebremst weiter:

»Diese ganzen Gesetze sind das Allerletzte, hier eine Vorschrift, da ein Verbot, vielleicht noch eine Sondersteuer, und überall schreiben sie dir vor, was du zu tun und zu lassen hast. Schön, dass alles so toll geregelt ist …«

Während er so vor sich hin schwafelte, blickte ich an mir herab, um mich zu vergewissern, dass mir niemand heimlich ein Schild mit der Aufschrift »Meckerkasten« um den Hals gehängt hatte. Ich war erleichtert, denn das war nicht der Fall.

»Aber ich …«, setzte er gerade wieder an, da fiel ich ihm erneut ins Wort, verstellte meine Stimme und machte den Versuch, Heidi Klum zu imitieren:

»Ich habe heute leider kein Bier für Sie.«

Die Kundin hinter dem Baseballkappen-Mann lachte los.

»Möchten Sie Ihr Paket Hackfleisch noch haben, oder diskutieren Sie dabei auch wegen der Verpackung oder so?«

Ja, ich war in dem Moment einfach nur genervt, denn meine Erkältung wurde mit jedem Wort, das ich sprach, schlimmer. Er nickte, und ich kassierte sein Hackfleisch.

»2,19 Euro, bitte.«

Er gab mir anstandslos 2,20 Euro und verschwand, ohne sein Wechselgeld oder seinen Bon mitzunehmen. Am nächsten Tag erzählte ich meiner Chefin von dem Vorfall und bestätigte ihren

Eindruck, dass sich die Kunden am Tag zuvor besonders merkwürdig verhalten hatten. Sie fand es lustig und versicherte mir, dass ich mich richtig verhalten hatte. Ich musste niesen.

45

BIO-COLA?

ICH HATTE ZUR ABWECHSLUNG mal keinen Kassendienst, sondern musste helfen, den Laden aufzuräumen. Ich sah diese Einsätze immer als willkommene Abwechslung, denn immer an der Kasse zu sein war auf Dauer ja auch langweilig. Ich räumte also die Regale auf und zog die leeren Kartons aus den Regalen. Ich war gerade bei den Getränken angekommen, als ich einen Kunden auf mich zugerannt kommen sah. Vielleicht hatte er es eilig oder so, ich dachte mir auf jeden Fall nichts dabei:

»Hallo, ich brauche Ihre Hilfe.«

Er schnaufte, als wäre er gerade die Strecke von Berlin nach München gelaufen.

»Hallo, guten Abend. Tut mir aufrichtig leid, aber Beatmungsgeräte bieten wir leider nicht an.«

Er grinste.

»So alt bin ich ja auch noch nicht, dass ich so etwas brauche. Ich habe eine andere Frage: Ich suche Bio-Cola.«

Ich muss gestehen, dass ich Bio-Cola noch nie gesehen oder davon gehört hatte. Ich schaute ihn fragend an.

»Was suchen Sie?«

Ich dachte, er wollte mich auf den Arm nehmen, aber er wiederholte es:

»Bio-Cola. Ich suche Bio-Cola, die Sie im Fernsehen bewerben.«

Die Fragezeichen über meinen Kopf verschwanden auch bei der Wiederholung seiner Worte nicht. Ich hatte diese Werbung noch nicht gesehen und wusste überhaupt nichts davon, also musste ich nachfragen:

»Augenblick, ich frage mal eine Kollegin, vielleicht weiß sie, was Sie suchen.«

Ich ging also hinüber zu meiner Kollegin, um ihr Wissen über das neuartige Getränk zu testen:

»Hey Caro, ich habe einen Kunden, der die Bio-Cola aus der Fernsehwerbung sucht. Weißt du, wo wir die haben, beziehungsweise weißt du überhaupt was davon?«

Und auch über ihrem Kopf konnte ich die kreisenden Fragezeichen praktisch sehen. Sie hatte keine Ahnung, aber schlug vor:

»Lass uns mal zusammen schauen. Wenn es einen Fernsehspot dazu gibt, dann müssen wir diese Bio-Cola auch haben!«

Das ist positives Denken. Wir latschten nach hinten und gruben das ganze Lager um, aber wir fanden nichts. Ich schaute zur Sicherheit auch noch im aktuellen Werbeprospekt nach, ob das neuartige Getränk dort beworben wurde, fand aber nichts Entsprechendes. Meine Kollegin kam schließlich noch auf die Idee, unseren Bezirksleiter anzurufen, aber auch der wusste von nichts. Langsam wurde die Sache sehr seltsam. Ein Produkt aus der TV-Werbung, und wir haben es nicht? Es war ja nun auch nicht so, dass eine Fernsehwerbung schon Wochen im Voraus läuft, bevor es das beworbene Produkt überhaupt im Markt gibt. Ich ging zu dem Kunden zurück:

»Es tut mir leid, Sie müssen sich wohl vertan haben. Bei uns weiß niemand etwas von dieser Bio-Cola. Wir haben sogar beim Bezirksleiter nachgefragt …«

Der Kunde regte sich natürlich auf.

»Das ist doch wieder nur eine Masche, damit Sie Kunden in den Laden locken. Sie haben die Cola doch nie gehabt, und die Werbung ist nur ein Fake. Sie sind der letzte Dreck!«

Okay, also wieder ein Kunde, der mich beleidigen musste, obwohl ich nichts dafür konnte?

»Ist das Ihr Ernst? Glauben Sie, dass diese Bio-Cola plötzlich auftaucht, wenn Sie anfangen, mich zu beleidigen? Ich habe alles versucht, um Ihnen zu helfen, und zum Dank bekomme ich eine persönliche Beleidigung? Na besten Dank auch …«

Er war richtig erschrocken und beruhigte sich zusehends.

»Es tut mir leid.«

Wie bitte? Hatte sich gerade ein Kunde bei mir entschuldigt? Ich war hoffnungslos überfordert. Nach über einem Jahr erlebte ich das nun auch zum ersten Mal.

Ich beschloss, die Entschuldigung zu akzeptieren und weiter behilflich zu sein:

»Was genau wurde in der Werbung denn gesagt? Haben Sie gehört, ab wann es die Bio-Cola bei uns geben soll?«

»Nein, das habe ich nicht verstanden.«

Okay, das kann ja passieren. Ich höre bei Werbung ja auch immer weg. Er fuhr fort:

»Ich bin ja froh, dass ich das Wort ›Bio-Cola‹ verstanden habe.«

Prima, jetzt stand ich komplett auf dem Schlauch.

»Wie meinen Sie das?«

»Na ich kam heute Morgen erst aus dem Urlaub in Spanien zurück, und im spanischen Fernsehen sagten sie, dass es jetzt Bio-Cola beim Discounter geben soll.«

»Ich dachte, Sie haben das nicht verstanden …?«

Er lachte laut los, drehte sich um und ging eilig in Richtung Ausgang. Ich verstand es nicht. Was war das? Wollte mir dieser Mann etwas mitteilen? Ich machte mir nicht lange Gedanken darüber, denn irgendwann will man es einfach nicht mehr wissen.

46

SIE HABEN MICH BESCHISSEN

WIR MITARBEITER AN DER KASSE sind ja auch nur Menschen und machen auch manchmal Fehler. Fehler sind normal, und die macht doch jeder Mensch, oder? Ich hatte Kassendienst und kassierte wie immer fröhlich die Kunden und unterhielt mich ein wenig mit ihnen. Nicht jeder Kunde mag das, aber ich finde, dass es sehr aufmerksam ist, jedem Kunden das Gefühl zu geben, dass er wichtig ist und man sich freut, wenn er zum Einkaufen kommt. Nun ja, mein nächster Kunde legte darauf offensichtlich keinen Wert. Er war an der Reihe.

»Hallo, die beiden Sachen?«, fragte ich.

»Ja!« Er verdrehte die Augen, als ob dieses Wort schon zu viel für ihn gewesen wäre. Ich scannte seine beiden Artikel

»Das macht dann 2,98 Euro, bitte.«

Er machte keine Anstalten, auch nur ein Wort zu sagen, und reichte mir einen 10-Euro-Schein. Ich tippte ihn in die Kasse ein.

»So, und 7,02 Euro bekommen Sie von mir zurück. Ich wünsche ihnen noch einen schönen Tag.«

Ich erwartete nicht wirklich eine Antwort von ihm, und die kam auch nicht. Er steckte sein Geld in die Tasche und drehte sich um. Ich beachtete ihn nicht weiter. Exakt drei Sekunden später stand er wieder vor mir.

»Sie haben mich beschissen.«

»Bitte, was? Wie kommen Sie darauf?«

Man merkte, dass sein Ton sehr aggressiv war, aber davon ließ ich mich ja nicht mehr beeindrucken. Seine Stimme wurde immer lauter.

»Ich habe Ihnen einen 100-Euro-Schein gegeben, und Sie haben mir sieben Euro zurückgegeben. Geben Sie mir auf der Stelle mein Geld zurück!«

Ich klingelte nach der Chefin. In der Zwischenzeit sagte ich zu dem Kunden:

»Oh, ich glaube, Sie haben mir einen 10-Euro-Schein gegeben, aber das bekommen wir sofort raus. Ich habe schon nach der Chefin und einem Kollegen für die Kasse geklingelt, wir machen jetzt sofort einen Kassensturz, und dann sehen wir ja, ob die Kasse stimmt oder nicht.«

Er verzog das Gesicht zu einer säuerlichen Miene, war also nicht so wirklich mit der Vorgehensweise einverstanden, und teilte das auch gleich mit:

»Nein, Sie geben mir sofort die 90 Euro heraus, die noch fehlen. Es kann doch wohl nicht wahr sein, dass Sie hier die Kunden andauernd bescheißen. Läuft der Laden so schlecht, oder verdienen Sie so wenig?«

Ich wunderte mich schon ein wenig, warum er so laut wurde, dass alle um uns herum es mitbekommen mussten. Wollte er mich einschüchtern, mich unter Druck setzen? Tja, dazu blieb ihm keine Gelegenheit mehr, denn in dem Moment kam die Chefin um die Ecke und fragte, was los war.

»Der Kunde ist der Meinung, ich hätte ihm zu wenig Geld wiedergegeben.«

»Gut, dann machen wir einen Kassensturz und schauen nach. Um welche Summe geht es?«, fragte sie mich.

»Um 90 Euro. Der Herr sagt, er hätte mir einen 100er gegeben, aber ich habe hier keinen 100-Euro-Schein in der Kasse …«

Ich wollte noch mehr sagen, aber der Kunde fiel mir ins Wort:

»Dann haben Sie sich den Schein in die Hosentasche gesteckt!«

Ich drehte mich geschockt zu ihm um.

»Okay, dann dürfen Sie mich durchsuchen. Denn so etwas lasse ich nicht auf mir sitzen.« Ich leerte meine Hosentaschen, aber er hatte kein Interesse, mich zu durchsuchen.

Während ein Kollege die Kasse übernahm, gingen die Chefin und ich ins Büro. Wir zählten gemeinsam die Kasse im Büro, und das Ganze dreimal. Und die Kasse stimmte, nicht zu viel darin und nicht zu wenig. Mit der Kassenlade unterm Arm ging ich also wieder nach draußen zum Kunden.

»Ich glaube, *Sie* haben sich vertan. Meine Kasse stimmt. Da ist kein Cent zu viel drin.«

Er grinste, drehte sich zur Seite und sagte im Gehen:

»Na, es hätte ja sein können, dass Sie mir das einfach so glauben.«

Er verschwand so schnell aus dem Laden, dass ich nicht reagieren konnte. Es war ganz klar ein Betrugsversuch, und man hätte den Mann zur Rechenschaft ziehen müssen, aber er war bereits über alle Berge. Das war mir eine Lehre, und an diesem Tag blieb ich übervorsichtig beim Kassieren.

47

DIE POLIZEI IM HAUS

INZWISCHEN KANNTEN MICH die meisten Menschen in meinem Umfeld sehr gut und wussten, wenn sie mir eine dumme Frage stellten, mussten sie mit einer dummen Antwort rechnen. Ja, ich weiß, man macht das eigentlich nicht, aber ich war inzwischen an dem Punkt angelangt, an dem ich mir nichts mehr gefallen ließ. Das wussten die Kunden, das wussten die Kollegen und auch meine Vorgesetzten.

Aber ich hätte mir denken können, nein, denken *müssen*, dass die Polizei damit nicht so ohne Weiteres umgehen konnte.

Ich kam eines Tages zur Spätschicht und ging ins Büro, als mir wie aus dem Nichts zwei fremde Männer einen Ausweis vors Gesicht hielten und mich ansprachen: »Guten Tag, Richter mein Name, von der Kriminalpolizei. Dürfen wir Ihnen ein paar Fragen stellen?«

Ach du Scheiße, was habe ich denn jetzt angestellt? Mir gingen tausend Dinge durch den Kopf, was ich möglicherweise getan haben könnte, aber mir fiel nichts ein, warum die Kripo mit mir reden wollte. Ich bekam trotzdem ein wenig Angst und stotterte:

»Ja klar, wenn Sie mir sagen, worum es geht.«

Meine Chefin verdrehte ihre Augen, als wollte sie mir damit etwas sagen – ich hatte nur keine Ahnung, worauf sie hinauswollte.

Also ging ich nun mit dem jungen Herrn Kommissar in den Pausenraum.

»Nehmen Sie bitte Platz, Herr Klein«, sagte er, und ich fiel ihm ins Wort, während ich mich hinsetzte.

»Ich sage hier nichts ohne meinen Anwalt.«

Er blickte mir fragend in die Augen. Jetzt fiel mir ein, dass man meinen Ruf nach einem Anwalt schon als Geständnis verstehen konnte, und ruderte hastig zurück.

»War nur ein Scherz …«

Er schaute mich nur an, reagierte aber nicht darauf und sagte:

»Es geht um Folgendes. Sie haben sicher mitbekommen, dass die Bäckerei nebenan abgebrannt ist. Nach unseren Ermittlungen war es Brandstiftung. Wir befragen nun die Leute in den umliegenden Geschäften. Wo waren Sie denn an diesem Tag gegen 16 Uhr?« *Das ist doch hoffentlich ein schlechter Scherz,* dachte ich bei mir. *Warum sollte ein Mitarbeiter der umliegenden Geschäfte die Bäckerei anzünden? Na gut, dann spielen wir sein Spiel mal mit.* Ich wusste ja, dass ich an diesem Tag arbeiten war. Es war nämlich genau der Tag, an dem ich mit Brötchen beworfen wurde. So etwas vergisst man ja wirklich nicht so schnell. Ich konnte das nicht ernst nehmen, zu absurd erschien mir der Vorwurf.

»Wo ich war? Bei der Schwangerschaftsgymnastik. Das sieht man doch, dass ich schwanger bin.«

Ich erwartete jetzt eigentlich alles an möglichen Reaktionen, nur nicht das, was er ernsthaft zu mir sagte:

»Gibt es jemand, der das bezeugen kann?«

Er kritzelte etwas in ein kleines Buch, das in braunes Leder eingebunden war. Ich schaute ihn fragend an und war sprachlos. Ich war sogar ein klein wenig beleidigt, denn ich fand nicht, dass ich aussah wie eine Frau. Und dass er den Spruch mit der Schwangerschaft einfach im Raum stehen ließ, griff mich tatsächlich an, und ich kam mir nun selbst veräppelt vor.

»Ich hoffe, Sie fragen jetzt nicht im Ernst nach einem Zeugen für die Schwangerschaftsgymnastik?! Wie Sie sehen können, bin ich keine Frau, und Männer können nicht schwanger werden, soweit ich weiß …«

Wieder schaute er mich nur fragend an. Würde sich das jetzt etwa zu einer Krimigeschichte wie im Fernsehen entwickeln? Ich erwartete beinahe, dass er irgendwo aus seinem Sakko eine Schreibtischleuchte mit greller Glühbirne herzaubern würde, um sie mit den Worten »Jetzt gestehen Sie endlich, dass Sie die Bäcke-

WO WAREN SIE DENN AN DIESEM TAG GEGEN 16 UHR?
WO ICH WAR? BEI DER SCHWANGER-SCHAFTSGYMNASTIK. DAS SIEHT MAN DOCH, DASS ICH SCHWANGER BIN.

rei angezündet haben …!« ins Gesicht scheinen zu lassen. Aber er bewegte sich nicht und schaute mir einfach nur forschend in die Augen. Sicher irgendein Psychotrick, um mich einzuschüchtern, um mich weichzukochen und zu dem überfälligen Geständnis zu bewegen. Aber damit biss er bei mir auf Granit, schließlich hatte ich ausnahmsweise wirklich nichts verbrochen. Und so konnte ich mich zurücklehnen in meine Stuhllehne und im Brustton der Überzeugung die Tatsachen klarstellen:

»Hätten Sie sich vorher erkundigt, hätten Sie festgestellt, dass ich an diesem Tag zu der besagten Uhrzeit hier im Laden war, denn meine Schicht fing bereits um 14 Uhr an. Und ich habe echt andere Sachen zu tun, als irgendwas anzuzünden, denn egal wie der Laden läuft, mein Gehalt bleibt dasselbe.«

Er nickte.

»Das bekommen wir ja ganz schnell raus, haben Sie die Dienstpläne hier?«

»Ja sicher, die müssten im PC gespeichert sein.«

Wir standen auf, um wieder ins Büro zu gehen, wo die Chefin mit dem anderen Kriminalpolizisten wartete. Wir betraten das Büro, meine Chefin sah auf zu mir, blickte dann den Polizisten an meiner Seite und sagte:

»Es tut mir leid, dass er so ist. Ernsthaftigkeit ist wirklich nicht seine Stärke.«

Bitte, was sagte sie da gerade? Der Polizist und ich schauten uns an und wussten beide nicht so richtig, was sie damit eigentlich sagen wollte, also wandte ich mich an den Kriminalpolizisten:

»Sehen Sie, unter welchen Bedingungen ich hier arbeiten muss? Da soll ich noch die Nerven haben, um eine Bäckerei abzufackeln?«

Der Kriminalpolizist grinste mich an und fragte dann die Chefin:

»Kann ich mir die Dienstpläne von dem Tag ansehen, an dem das Ganze passiert ist?«

Die Chefin sah mich an und sagte zu mir:

»Oh, da waren Sie doch arbeiten, Herr Klein. Sie haben mir doch noch am nächsten Tag erzählt, dass Sie mit Brötchen beworfen wurden, weil die angeblich nicht so gut wie die vom Bäcker waren. Das habe ich nicht vergessen!«

Sie setzte sich an den PC, um nachzusehen, und siehe da, das System bestätigte mein Alibi. Sie zeigte es dem Polizisten, der wieder etwas in sein braunes Merkbuch krakelte und mir dann zunickte.

»Damit hat es sich bei Ihnen erledigt. Vielen Dank und schönen Tag noch.«

Ich verließ das Büro, um wieder an die Arbeit zu gehen. Im Laufe der nächsten Tage wurde jeder Mitarbeiter befragt. Ob Kriminalpolizist Richter den oder die Täter schließlich schnappen konnte, weiß ich allerdings nicht.

48

ICH BIN IN DER »BILDZEITUNG«

ICH SAGE JA IMMER WIEDER, dass man auf das, was man im Discounter erlebt, nicht in der besten Ausbildung vorbereitet wird. Oder lag es einfach nur daran, dass ich meine Ausbildung nicht schon direkt bei einem Discounter gemacht habe und dabei bereits sanft an die Spezies »Discounter-Kunden« herangeführt wurde, sondern den Sprung ins kalte Wasser auf mich nehmen musste? Ich will damit jetzt nicht sagen, dass alle Kunden der Discounter ein Ding an der Waffel haben, aber einige haben dieses Ding leider und lassen es bei ihren Einkaufstouren im Discounter besonders weit heraushängen.

Ich hatte Frühschicht und sortierte die Zeitungen und Zeitschriften ein, als die ersten Kunden eben den Laden betraten. Ein Stammkunde lief schnurstracks auf mich zu. Den Herrn kannte ich tatsächlich schon, seit ich hier arbeitete. Er war immer nett und freundlich gewesen, ein etwas älterer Herr von vielleicht Ende 50, dessen leicht ergraute Haare seit geraumer Zeit auf dem Rückzug waren. Er deutete auf den Zeitungsstapel vor mir.

»Guten Morgen, haben Sie die *Bildzeitung* schon da?«

»Guten Morgen, irgendwo hier zwischen den gefühlten 5.000 Zeitungen ist die *Bild* bestimmt dabei. Moment, ich schau mal nach.«

Ich durchwühlte den Berg an Zeitung und fand sie schließlich, wie sollte es auch anders sein, ganz unten. Ich zog also eine Zeitung heraus und reichte sie ihm.

»Bitte schön, da ist sie.«

Er sah die Zeitung an und blickte dann noch einmal auf meinen Stapel.

»Haben Sie davon noch mehr?«

»Na sicher doch, die haben wir, aber ich fürchte, es steht überall dasselbe drin.«

Ich grinste ihn an, während ich das sagte.

»Ich bräuchte aber noch mehr Ausgaben, denn ich bin da drin.«

Jetzt war ich tatsächlich ein klein wenig beeindruckt. Stand etwa jemand vor mir, der berühmt war und den ich nicht kannte? Ich kramte in den tiefsten Tiefen meines Gehirns und versuchte, sein Gesicht mit irgendeiner Berühmtheit in Einklang zu bringen. War er ein Popstar? Ich musste innerlich lachen: Nee, sicher nicht, wenn überhaupt wäre der hier höchstens so ein Mallorca-Schlagerfuzzi der von viel Bier und viel nackter Haut singen würde. Dann vielleicht Sportler. Ich musterte ihn kurz, ja vielleicht in der Altherrenmannschaft von Limbeck-Süd, aber kommt man damit in die *Bildzeitung*? Okay, wer könnte er sonst sein? Ein Maler, klassischer Musiker oder vielleicht ein Wissenschaftler, der herausgefunden hatte, dass das übermäßige Zählen von Tütensuppen die Hauptursache der gefährlichen Wandermilz war. Hm. A propos Zählen, dieser mysteriöse Promi wollte ja etwas von mir:

»Wie viele Zeitungen möchten Sie denn haben?«

»Wie viele haben Sie denn?«

Ich kramte den Lieferschein heraus und schaute nach.

»Heute sind 14 Stück geliefert worden, wollen Sie die alle haben?«

Er überlegte einen Augenblick und entschied sich offenbar dafür, dass 14 *Bildzeitungen* zu viel waren.

»Wenn Sie mir zehn Stück geben könnten, wäre das klasse.«

Ich dachte mir, *was weg ist, ist weg,* und das steigert schließlich den Umsatz. Also sollte es mir egal sein. Aber er hatte es geschafft, meine Neugierde zu wecken:

»Ja klar, aber Sie müssen mir bitte verraten, warum Sie in der Zeitung sind.«

»Nein, das sage ich Ihnen nicht, da müssen Sie sich die Zeitung schon selber kaufen.«

Also begleitete ich ihn erst mal zur Kasse, kassierte seine Zeitungen ab und sah dem Promi zu, wie er fröhlich aus dem Laden verschwand.

Meine Neugierde ließ sich nicht weiter zähmen. Ich sperrte die Kasse, lief zu den Zeitungsregalen, schnappte mir eine *Bildzeitung* und blätterte sie aufgeregt durch. Schließlich fand ich meinen *Promi*, eingeklemmt zwischen einem Artikel über Tiere in Freilandhaltung und einer Werbung für ein Mittelklasseauto. Es war ein Artikel über einen Nachbarschaftsstreit am Gartenzaun. Ein Streit, der offenbar eskaliert war, denn mein *Promi* war unter die Amateur-Boxer gegangen und hatte seinem Nachbarn die Nase gebrochen, der nun im Krankenhaus lag. Die Geschichte war eigentlich überhaupt nicht spannend, aber zumindest wusste ich jetzt, dass dieser Stammkunde nicht zu unterschätzen war, was plötzliche Gewaltausbrüche anlangte. Der Promi-Boxer kam alles andere als gut weg in dem Artikel, er wurde richtig bloßgestellt. Ich fragte mich, warum er dann eigentlich so begierig darauf war, ein ganzes Bündel an Zeitungen zu ergattern, in dem er quasi niedergemacht wurde. Oder war er tatsächlich völlig stolz darauf, dass ausgerechnet er in ausgerechnet dieser Zeitung mit Bild und Namen abgedruckt war? Ich schüttelte den Kopf und legte die Zeitung zu den restlichen drei Exemplaren zurück ins Regal. Was wäre wohl die Steigerung dieser Begegnung mit dem Möchtegern-Promi? Vielleicht kam das nächste Mal Napoleon persönlich? Wie gesagt, dass man auf wirklich alles gefasst sein muss im Discounter, ist mir in der Ausbildung nicht beigebracht worden, das lehrte allein das wahre Leben selbst!

Ich habe unseren Stammkunden übrigens nie auf den Artikel angesprochen, denn so spannend fand ich die Geschichte nun auch wieder nicht. Ich war seit dem Tag allerdings noch ein wenig netter zu dem Mann, denn ich wollte nicht zusammen auf einem Foto mit ihm in der *Bildzeitung* landen.

49

DIE DÜMMSTEN DIEBE – PLATZ 2

WIR HABEN DAS TREPPCHEN der dümmsten Diebe ja bereits erklommen und nun sind wir auf Platz 2 angelangt. Dieser Ehrenplatz wird dieses Mal aber nicht für Dummheit, sondern für Dreistigkeit vergeben, und auch nur deshalb kommt er nicht auf den ersten Platz.

Es passierte gut ein halbes Jahr, nachdem ich meinen Job im Discounter angetreten hatte. Ich war zwar zu dem Zeitpunkt gar nicht persönlich vor Ort, konnte mir aber sozusagen den »Videobeweis« ansehen, der diesen dreisten Diebstahl dokumentierte.

Jeder weiß, dass wir hin und wieder ziemlich hochwertige Artikel in der Werbung hatten, wie beispielsweise Computerzubehör oder Hi-Fi-Geräte usw. Auch diese Ware ist zwar meistens vergleichsweise günstig, aber wenn solche Artikel geklaut wurden, bedeutet das schon einen enormen Schaden für einen Discounter. Inzwischen rüsten die Discounter ja kräftig auf und bekommen nach und nach spezielle Diebstahlsicherungen. Zu dem Zeitpunkt war das allerdings noch nicht so, und somit konnte es zu dem dreistesten Diebstahl kommen.

Bei den meisten Discountern sind die Eingänge und Ausgänge getrennt. Die Eingangstüren haben einen Sensor, der die Kunden zwar hineinlässt, aber nicht mehr hinaus. Bei manchen Discountern ertönt sogar ein lauter Alarm oder eine Durchsage, wenn man versucht, das Geschäft durch den Eingang zu verlassen. Somit muss jeder Kunde an den Kassen vorbei, wenn er den Laden wieder verlassen will. Das ist schon so eine Art psychologische Diebstahlsicherung, wenn man an den Mitarbeitern des Ladens vorbeigehen muss, die ja durchaus darauf geschult sind, auf mögliche Diebstahlversuche zu achten. Im Grunde war dies aber zu diesem Zeitpunkt auch die einzig realistische Möglichkeit, einen Dieb zu schnappen, da üblicherweise immer nur zwei oder maximal drei Mitarbeiter gleichzeitig im Laden arbeiteten, die dann nicht auch noch auf potenzielle Langfinger achten konnten.

Bis der offizielle Warenrückruf aus der Zentrale kam, verblieben die Sonderangebote vor Ort und wurden nur von Woche zu Woche weiter nach hinten geräumt. So kam es, dass wir schließlich mehrere hochwertige Artikel gleichzeitig im Angebot hatten, unter anderem Fahrräder und Fernseher. Da wir nur noch einen Fernseher hatten und der dauernd im Weg stand, fiel er sofort auf, und natürlich fiel ebenso auf, dass er weg war. Mein Chef war an der Kühlung beschäftig und bemerkte, dass der Fernseher nicht mehr an seinem Platz war. Er freute sich im ersten Moment, denn die Fernseher hatten wir schon ein paar Wochen lang, und das letzte Exemplar wollte ganz offensichtlich niemand haben. Dann bemerkte er, dass die Tische ringsum ebenfalls weitgehend leer waren und bei den Fahrrädern auch einige fehlten. Er sagte später, er hatte plötzlich einen dicken Kloß im Hals und ihm wurde ganz schlecht, weil er ahnte, was passiert war.

Er ging nach vorn zur Kollegin an der Kasse und fragte sie, ob sie einen Fernseher oder ein Fahrrad verkauft hatte, aber sie musste das verneinen. Danach rief er die Abendschicht an und stellte den Kollegen dieselbe Frage, denn an solch außergewöhnliche Artikel hätten sich die Kollegen auf jeden Fall erinnert, aber auch am Abend vorher hatte niemand die teure Ware verkauft. Damit war für den Chef klar, dass es sich um einen Diebstahl handeln musste, aber wie um Himmels willen konnte man unentdeckt mit einem Fahrrad oder einem Fernseher unter dem Arm an den Kassen vorbeikommen? Im Grunde war es eigentlich nur möglich, wenn nachts jemand eingebrochen wäre und niemand die Einbruchsspuren entdeckt hätte. Aber auch das war eigentlich unmöglich, denn selbstverständlich gab es eine Alarmanlage mit Bewegungsmelder, die sofort angeschlagen hätte. Um endlich eine Erklärung zu finden, schaute sich der Chef die Überwachungsvideos an. Nach einigen Minuten Zurückspulen fand er schließlich die Erklärung für das scheinbar Unmögliche und traute seinen Augen nicht. Er zeigte uns das Video. Darauf waren sechs Personen zu erkennen, zwei Frauen und vier Männer. Die beiden Frauen und einer der Männer betraten den Laden, während die übrigen drei Männer vor der Türe stehen blieben.

Die beiden Frauen und ihr Begleiter liefen gezielt in den hinteren Teil des Ladens zu den Tischen und Regalen mit den Werbeartikeln und hantierten an den Fahrrädern und dem Fernseher herum. Der Mann ging inzwischen zur Kassiererin, ganz offensichtlich, um sie abzulenken. Er tat so, als wolle er Geld gewechselt haben, was wir natürlich nicht durften, und provozierte somit eine Diskussion. Dabei stellte er sich so geschickt vor die Kollegin, dass er ihr die Sicht zum Eingang verdeckte. Währenddessen packten die beiden Damen Rad und TV-Gerät zusammen und gingen damit zurück in Richtung Eingang. Und jetzt wurde auch die Aufgabe der restlichen drei Männer klar: Sie liefen immer wieder durch den Eingang, wodurch sich die Türen öffneten und die Diebinnen gleichzeitig hinauslaufen konnten. Die ganze Aktion wiederholte sich drei-, viermal, und auf diese Weise klauten sie alles Hochwertige von den Werbetischen. Es war eine Aktion, die vielleicht gerade einmal fünf Minuten dauerte. So schnell sie kamen, so rasch waren sie auch wieder verschwunden. Hinterher kam heraus, dass ein Schaden von mehreren Tausend Euro durch diesen Diebstahl entstanden war. Den Diebstahl merkten wir natürlich auch bei der Inventur, die sehr schlecht ausfiel, aber in diesem Fall konnten wir die Sache ja erklären.

Natürlich wurde die Polizei verständigt, und als die Beamten vor Ort waren, wurde schnell klar, dass es sich bei den Dieben um eine kriminelle Bande handelte, die genau diese Art Diebstähle schon öfter getan hatte und bereits seit einiger Zeit gesucht wurde. Die Polizisten erklärten, dass die Truppe die Läden über Wochen hinweg ausspionierten, um herauszufinden, wann am wenigsten Kunden vor Ort waren, um somit den perfekten Zeitpunkt für ihren Raubzug zu finden. Wir alle wurden befragt und bekamen Fotos von den potenziellen Tätern gezeigt, aber niemand konnte sich an die Gesichter erinnern. Kein Wunder, es gibt ja nicht nur Stammkunden; bei mehreren Tausend Kunden am Tag war es einfach unmöglich, sich einzelne Personen zu merken. Da hätten sich die Täter schon sehr auffällig verhalten müssen, damit wir uns die Gesichter hätten merken können.

Die Diebe wurden bis heute nicht gefasst und machen ihre Masche weiter.

Also, falls Sie sich mit der Geschichte angesprochen fühlen sollten, dann melden Sie sich bitte bei mir, damit ich Ihnen den silbernen Pokal für Platz 2 überreichen kann.

50

DER BESTECHUNGSVERSUCH

TJA, IRGENDWIE GEHÖRT auch diese Geschichte eigentlich auf das Treppchen der dümmsten Diebe, andererseits … Ach, lesen Sie selbst, warum ich mich dagegen entschieden habe.

Ich war im Laden unterwegs, durfte also raus aus der Kasse und konnte damit dem monotonen Piepsen des Scanners entkommen. An der Kasse sind die Kunden allerdings meist auch etwas zurückhaltender, weil sie wissen, dass dort andere Leute stehen und ihre teils merkwürdigen Fragen mitbekommen. Im Laden dagegen ist man wehrlos gegenüber ebendiesen komischen Fragen. Und wie sollte es anders sein, ich war also seit Wochen zum ersten Mal wieder im Laden eingeteilt, prompt wurde ich mit der wohl krassesten Frage meiner Discounter-Karriere konfrontiert.

Ich räumte nichts ahnend den Laden auf, als ein Kunde vor mir stand und mich ansah, ohne ein Wort zu sagen. Also sprach ich ihn an:

»Kann ich Ihnen irgendwie helfen?«

Seine Augen weiteten sich, und sein Mund stand offen. Ich wusste nicht, ob er noch nie in seinem Leben angesprochen worden war, jedenfalls kam es mir vor, als ob er vollkommen überfordert war mit meiner Frage. Dann ergriff er die Flucht. Ich dachte mir nichts dabei, denn merkwürdige Reaktionen der Kunden gehörten ja zur Tagesordnung. Ich räumte also weiter meine Regale auf, aber mich ließ dieses Gefühl nicht los, dass ich beobachtet wurde. Ich sah mich immer wieder um, und auf einmal entdeckte ich, wie mich genau der Kunde beobachtete, der eben weggerannt war. Ich ließ ihn mal machen und sprach ihn nicht mehr an. Ich muss gestehen, dass er mir auch ein wenig Angst machte, denn man hörte ja immer wieder von Überfällen im Supermarkt. Erst vor wenigen Tagen wurde in unserer Nähe ein anderer Supermarkt überfallen, da kommen einem schon komische Gedanken. Ich versuchte, meinen Verfolgungswahn so gut wie möglich zu unterdrücken, aber kaum war ich damit erfolgreich und hatte angefangen, über mögliche Urlaubsziele nachzudenken, da stand er wieder an einer der Regalecken und sah mir bei der Arbeit zu. Bedingt durch mein Nachräumen rückte ich immer weiter an ihn heran, aber er bewegte sich nicht mehr weg von seiner Stelle. Inzwischen schloss ich einen Überfall aus, denn dazu stand er zu lange und zögerte auch zu sehr. Gut, dachte ich bei mir, dann mache ich es so, wie man auf scheue Tiere zugeht, und schlich mich immer näher an ihn heran. Es waren inzwischen gut zehn Minuten vergangen, als ich bei ihm angekommen war. Jetzt, als ich direkt neben ihm stand, fiel mir nichts Besseres ein, als ihn offen anzusprechen:

»Hab Sie! Und nun raus mit der Sprache, was wollen Sie?«

Er wurde blass im Gesicht, und ich rechnete damit, dass er nun endgültig panisch schreiend aus dem Laden rennen würde, aber ich irrte mich gewaltig. Statt zu flüchten schaute er sich mehrfach um, ob er irgendwo einen Kollegen, einen anderen Kunden oder überhaupt jemand anderen sah, und zog mich dann nah zu sich heran. Okay, was sollte das jetzt werden? Oh, bitte nicht noch einmal ein Annäherungsversuch. Ich schickte ein stummes Stoßgebet gen Himmel. Er schaute mir tief in die Augen und fragte:

»Sind Sie bestechlich?«

Ich wusste nicht, ob ich es falsch verstanden hatte, denn wenn ich ihn richtig verstanden hatte, war es eine komplett bescheuerte Frage gewesen. Also hakte ich nach, weil ich es nicht glauben konnte:

»Was? Wie meinen Sie das denn?«

Jetzt sah er mich an, als ob ich der Bescheuerte wäre.

»Was ist daran so schwer zu verstehen? Sind Sie bestechlich?«

Nun war ich mir sicher, dass er tatsächlich meinte, was er sagte, aber ich wollte es immer noch nicht glauben.

»In welcher Hinsicht meinen Sie das denn? Ich weiß gerade nicht, ob wir beide dasselbe meinen?!«

Er wurde leicht genervt, das merkte man an seinem Tonfall, und ich stand vor ihm wie ein Kaninchen vor der Schlange.

»Sind Sie so beschränkt, oder tun Sie nur so? Sind Sie bestechlich? Wenn ich Ihnen jetzt zehn Euro gebe, schauen Sie dann weg, wenn ich was in die Tasche stecke?«

»Äh, nur noch mal fürs Protokoll: Sie bitten mich, absichtlich zu übersehen, dass Sie klauen, und ich bekomme dafür zehn Euro?«

Er nickte begeistert, und man sah ein Funkeln in den Augen, denn wie es aussah, rechnete er mit einem »ja klar, das machen wir gern«, aber da kannte er mich verdammt schlecht, denn auf so eine miese Tour hatte ich bestimmt keine Lust, und das machte ich auch gleich deutlich:

»Ich habe dazu noch eine kleine Frage.«

»Ja klar, was denn für eine?«, fragte er in einem verschwörerischen Ton. Ich holte tief Luft:

»Haben Sie Ihren Kopf zu lange in die Kühltruhen gehalten? Sie laufen doch nicht mehr ganz rund!«

Ich redete mich in Rage und wurde dabei auch immer lauter, aber ich war einfach nur stocksauer.

»Ich glaube langsam, ich spinne. Was denken Sie, wo wir hier sind? Das darf es doch echt nicht geben. Steht irgendwo an der Tür *Comedy-Club,* oder wie kommen die Leute hier auf solche Ideen? Ich habe die Faxen dicke mit Leuten wie Ihnen. Nehmen Sie die Füße in die Hand und machen Sie, dass Sie rauskommen, bevor ich auch noch vergesse, wo wir hier sind!« Ich knallte mit der flachen Hand auf das Regal vor mir, und die darin stehenden Flaschen klirrten aneinander. Das kann doch alles nicht mehr wahr sein so etwas, langsam geht's hier aber echt los …!«

Er sah mich gekränkt an, drehte sich um und machte sich auf den Weg in Richtung Ausgang. Ich ging eine Minute später hinüber zum Büro und sah, wie er an der Kasse stand und mit meiner Kollegin sprach. Ich ließ alles fallen, rannte nach vorne zu den Kassen und rief ihm schon im Herankommen zu:

»Ich glaube, ich spinne!? Raus jetzt hier, das kann doch nicht wahr sein. Verschwinde!«

Er hörte und sah mich und rannte aus dem Laden. Ich fragte natürlich meine Kollegin, was er wollte.

»Der war total komisch, der fragte, ob ich bestechlich bin. Ich weiß aber nicht wirklich, ob er es ernst meinte.«

Ich verschränkte die Arme vor der Brust und atmete tief durch.

»Er *meinte* es ernst, denn das hat er mich auch eben gefragt.«

Wir im Discounter tun ja wirklich jeden Tag eine Menge, um den Kunden zufriedenzustellen, aber irgendwann hört der Spaß auf. Und ich möchte an dieser Stelle betonen, dass weder ich noch meine Kollegen bestechlich waren.

51

HILFE

MEINE NÄCHSTE GESCHICHTE soll einmal nicht zeigen, wie herzlos unsere Kunden mit uns umgehen oder umgekehrt, sondern auch, dass wir Verkäufer sehr menschlich sein können, wenn die Situation es zulässt. Dies ist wirklich keine lustige Geschichte, aber das Leben ist eben auch kein Ponyhof.

Es war ein Donnerstagvormittag, das weiß ich noch sehr genau, denn dieser Tag hat sich in mein Gedächtnis eingebrannt. Ich hatte Kassendienst mit der stellvertretenden Filialleiterin Andrea. Es war gegen zehn Uhr gewesen, und ich kassierte fröhlich die Kunden an der Kasse ab, es war unterhaltsam wie immer. Dann sah ich eine Frau recht zügig in Richtung Kasse laufen, eine ältere Dame, und ich erinnerte mich an so manche Begegnung mit älteren Herrschaften, die mir mitunter ziemlich respektlos gegenübertraten, aber davon möchte ich hier gar nicht sprechen.

Zunächst beachtete ich die Dame nicht weiter, schaute die ziemlich lange Schlange an der Kasse entlang und zog fröhlich einen Joghurt nach dem nächsten über den Scanner, bis ich hinter mir ein herzzerreißendes Heulen hörte. Es klang wie ein kleiner Hundewelpe, der sich verlaufen hatte und nach seinem Herrchen oder seiner Mutter sucht.

Ich zuckte zusammen und drehte mich um. Es war die Dame, die eben zur Kasse gelaufen war. Sie stand direkt hinter mir, sah aus dem Fenster und winselte mitleiderregend vor sich hin. Ich hatte natürlich keine Ahnung, was los war, und sprach sie an:

»Hallo, alles okay mit Ihnen?«

Ich bekam keine Antwort. Sie schaute noch nicht einmal in meine Richtung, so als ob sie mich gar nicht gehört hatte. Ich wiederholte meine Frage, aber sie reagierte nicht. Das Einzige, was sie tat, war, dass sie weiter wimmerte und dann plötzlich anfing zu taumeln. Ich geriet in Panik, sprang auf und griff ihr unter die Arme, um sie zu stützen. Ich befürchtete, dass die arme Frau mir gleich umkippte oder dass gar noch Schlimmeres passieren würde. Ich hatte wirklich Angst. Dann betätigte ich die Klingel und brüllte durch den Laden:

»Andrea, komm schnell!«

Ich war vollkommen überfordert mit der Situation. Ich klingelte weiter hektisch, und dann sah ich Andrea auf mich zueilen. Als sie sah, dass ich da mit der Dame im Arm stand, wurde sie langsamer. Mir kam es schon vor wie Minuten oder besser gesagt wie Stunden, und Andrea verlangsamte ihre Schritte noch mehr. Schließlich kam sie unaufgeregt und grinsend bei uns an.

»Was ist denn los?«

Na klasse, ich stehe da mit einer wimmernden alten Dame im Arm, und sie fragt was los ist? War das ihr Ernst?

»Ist das nicht offensichtlich?«, fragte ich und deutete mit dem Kopf auf die Frau an meiner Seite. *Also wirklich, wie kann man in solch einem Fall noch so blöde Fragen stellen*, dachte ich mir, aber dann klärte mich Andrea auf:

»Die Dame hat Alzheimer und ist ihrem Mann abgehauen. Der steht hinten an der Kühlung. Er fragte mich schon, ob ich sie gesehen hätte, und in diesem Augenblick hast du geklingelt und gerufen, und da war mir klar, wo sie ist.«

Sie ließ mich also voll auflaufen. Das fand ich nicht gut, denn ich hatte mir echt Sorgen gemacht und wusste nicht, was ich hätte tun sollen. Andrea schnappte sich die Dame und ging mit ihr zu ihrem Mann. Keine 15 Minuten später standen die beiden bei mir an der Kasse und der Mann sagte zu mir:

»Es tut mir sehr leid, was eben passiert ist. Meine Frau hat Alzheimer, und es ist nicht leicht.«

»Also wirklich, dafür müssen Sie sich wirklich nicht entschuldigen …«

Aber er wandte sich schon wieder seiner Frau zu.

»Annemarie, bleib jetzt hier stehen und fass den Wagen an.«

Er bezahlte und verschwand dann mit seiner Frau aus dem Laden. Was mir jetzt erst klar wurde, war, dass trotz voller Kassenschlange wirklich keiner der anstehenden Kunden der Dame oder mir in irgendeiner Form Hilfe angeboten hatte. Mir saß der Schreck darüber noch den ganzen Tag im Nacken.

52

FRUCHTWASSER

EIN BEKANNTES SPRICHWORT sagt ja *Frechheit siegt*, aber wenn man manche Dreistigkeiten erst einmal erlebt, kommt es mitunter härter, als man sich das vorstellen kann.

Ich war an diesem Tag zum Wareeinräumen eingeteilt, und das tat ich auch den ganzen Tag. Es war im Sommer und sehr heiß, was bei mir bedeutete, dass ich auch ziemlich langsam wurde. Ich hatte auch schon allen erzählt, dass ich nur bis zu einer Außentemperatur von 25 Grad einwandfrei funktionieren würde, bei höheren Temperaturen setzt nämlich mein Hirn aus, und wer mochte, könne dies in meiner Betriebsanleitung nachlesen.

Ich stand vor dem Brotregal, räumte es ein und wischte mir nebenbei immer wieder den Schweiß von der Stirn. Dann stand wie aus dem Nichts eine junge Frau hinter mir, sie mochte vielleicht Mitte 20 sein, hatte ein wirklich hübsches Gesicht und lange, glatte dunkelbraune Haare.

»Hilfe, mir ist schlecht, und ich bin schwanger. Haben Sie einen Schluck Wasser für mich?«

Ich muss ja ehrlich gestehen, dass sie sehr schlank war und ich nie auf die Idee gekommen wäre, dass sie schwanger ist, aber es gibt ja bekanntlich Frauen, bei denen man erst im fünften Monat oder so sieht, dass sie ein Kind bekommen, und ich hatte natürlich auch keine Ahnung, wie weit sie überhaupt war.

Ich weiß nicht sehr viel über Schwangerschaften, aber zumindest so viel, dass Sitzen gut für sie ist, also brachte ich die junge Frau zum Pausenraum.

»Meine Sachen liegen aber noch auf dem Band«, sagte sie unterwegs.

»Sie standen an der Kasse mit Ihren Sachen an und sind dann ganz nach hinten gerannt, um mich um Hilfe zu bitten? Warum haben Sie denn nicht der Kollegin an der Kasse Bescheid gesagt?«

Sie zuckte mit den Schultern.

»Daran habe ich einfach nicht gedacht.«

Okay, das soll mir ja auch egal sein. Ich setzte sie auf einen Stuhl im Pausenraum und ging los, um die stellvertretende Chefin Andrea zu holen, die selbst mehrfache Mutter ist und sicher wusste, was zu tun war. Ich erklärte ihr in kurzen Worten die Situation, und sie marschierte sofort los, schnappte sich noch eine Flasche Mineralwasser aus dem Getränkeregal und ging zum Pausenraum. Ich übernahm in der Zwischenzeit ihre Kasse. Als es leerer wurde, machte ich mich erneut auf die Socken, um nach unserer Patientin zu sehen. Im Pausenraum angekommen, sah ich, wie die werdende Mutter auf ihrem Stuhl saß und die Beine hochlegte. Sie unterhielt sich mit Andrea, während sie ihr Wasser trank. Die Chefin fragte gerade:

»In welchem Monat sind Sie denn?«

»Ich bin in der vierten Woche.«

Na, kein Wunder, dass man die Schwangerschaft noch nicht sehen konnte, dachte ich bei mir, behielt meine Gedanken aber für mich. Da ich jetzt auch so etwas wie Pause hatte, entschied ich mich, zu bleiben und den beiden zuzuhören. Sie unterhielten sich weiter über das Kinderbekommen.

»Ist das Ihr Erstes?«, fragte die Chefin, und die Kundin nickte, aber irgendwie war die ganze Sache merkwürdig. Andrea bohrte weiter.

»Und was wird es?«

Sie antwortete, und es klang auch sehr überzeugend:

»Es wird ein Junge. Ich freue mich so, ich wollte unbedingt einen Jungen haben.«

Ich habe zwar wirklich keine Ahnung als Kinderloser, aber selbst ich weiß, dass man in der vierten Woche auf keinen Fall das

Geschlecht bestimmen konnte, und Andrea wusste das natürlich auch. Und sie konnte ziemlich direkt sein. Andrea stand auf und ging auf die Patientin zu.

»Sie sind nicht schwanger!«

Ich sah Andrea erschrocken an und wusste nicht, aus welchem Grund sie das gesagt hatte. Die junge Frau nahm die Füße vom Stuhl und stellte sich vor meine Chefin, und ich dachte, sie bekommt nun ein paar gescheuert, aber ich irrte mich.

»Ne, bin ich auch nicht. Ich hatte Durst und wollte was trinken, und wie man sieht, hat es doch richtig gut funktioniert.«

Mir fiel die Kinnlade erst mal nach unten, aber Andrea blieb die Ruhe selbst.

»So, Sie haben die Wahl: Entweder bezahlen Sie das Wasser, oder ich rufe die Polizei und verpasse Ihnen eine Anzeige wegen Betrugs. Was wäre Ihnen lieber?«

Die Frau sah Andrea völlig entsetzt an und stammelte: »Aber …« Doch Andrea hatte keine Lust zu diskutieren und donnerte dazwischen:

»Nichts aber, bezahlen oder Polizei?«

Die Kundin konnte es nicht glauben und stammelte kleinlaut:

»Bezahlen.«

»Okay, Herr Klein, gehen Sie bitte mit der Frau zur Kasse und kassieren Sie das Wasser ab?! Ach, und bevor ich es vergesse, junge Frau, Sie haben von nun an Hausverbot!«

Ich kassierte das Wasser und sah der Kundin fragend hinterher. Später sprach ich Andrea noch einmal darauf an und fragte:

»Wie hätte ich erkennen können, dass sie nicht schwanger ist?«

»Gar nicht«, sagte sie, »das hat man im Gefühl, und dann muss man sich vorsichtig rantasten.«

Na, ob mir dieser Tipp in Zukunft wirklich helfen würde, müsste sich erst herausstellen. Aber die junge Frau mit ihrer Scheinschwangerschaft hätte in meinen Augen auch einen Pokal für Dreistigkeit gewinnen müssen. Denn selbst mir fiel dazu kein passender Spruch ein.

53

DER PATE

ICH WEISS WIRKLICH NICHT, was unsere Kunden im Discounter von uns Verkäufern und Kassierern halten, aber ich weiß, dass sie immer wieder versuchen, unsere Geduld auf die Probe zu stellen. Ich kann mir selbst nicht erklären, warum einige Leute auf die seltsamsten Ideen kommen und vor allem, was sie damit bezwecken. Und natürlich stand ein solches Exemplar schon wieder direkt vor mir. Im Nachhinein betrachtet, glaube ich, dass ich ein klein wenig Angst hatte vor ihm, was sich aber als völlig unnötig herausstellen sollte, denn auch er wollte einfach nur meine Standhaftigkeit testen.

Es war vormittags und damit recht ruhig im Laden, und so stand der Mann allein an der Kasse vor mir mit einem Paket Erdbeeren und einer Schachtel Eis. Ehrlich gesagt, beachtete ich ihn zunächst kaum, denn es hatte zumeist sowieso wenig Sinn, sich irgendwelche Gedanken über die Kunden zu machen. Das einzig Auffällige war sein schwarzes T-Shirt, auf dessen Mitte ein weißes Reh gezeichnet war.

»Hallo, die beiden Sachen?«

»Ja, bitte.«

Na also, das würde ich doch ohne Probleme schaffen, dachte ich mir, und so scannte ich die beiden Artikel ein.

»Das macht dann 1,98 Euro, bitte.«

Er packte zunächst das Eis in eine eigens mitgebrachte Kühltasche und nahm dann die Erdbeeren in die Hand. Er wollte gerade losgehen, als ich ihn stoppte:

»Haben Sie nicht eine Kleinigkeit vergessen?«

Er sah mich an, als wäre ich ein Alien. Ich weiß nicht, auf was er wartete, aber nach gefühlten fünf Minuten erklärte ich ihm:

»Wie wäre es mit Bezahlen? Ich bekomme noch 1,98 Euro von Ihnen.«

Er legte seine Erdbeeren auf die Ablage und beugte sich zu mir rüber.

»Ich werde Ihnen ein Angebot machen, das Sie nicht ablehnen können.«

Hoppla, ich sah mich irgendwie schon mit Betonschuhen im Rhein absaufen. Nichtsdestotrotz konnte ich mir einen Kommentar nicht verkneifen: »Ach, Sie wollen mir 20 Euro geben, und ich darf den Rest behalten?«

Ich wusste selbst, dass das nicht das Schlauste war, was ich sagen konnte, aber hey, manchmal redet man halt schneller, als man denkt. Ich konnte in seinem Blick lesen, dass er etwas anderes meinte.

»Nein. Passen Sie nun gut auf. Ich mache Ihnen ein Angebot, dass Sie nicht ablehnen können ...«

Ich fiel ihm ins Wort:

»Ja, das sagten Sie schon, aber ich warte noch auf dieses sensationelle Angebot, das ich trotzdem ziemlich sicher ablehnen werde.«

Sein Blick verdunkelte sich.

»Können Sie mich bitte ausreden lassen?«

Ja, ich gebe zu, dass es unhöflich war, ihm ins Wort zu fallen, aber ab und zu kann ich nicht anders. Manchmal sah man es den Kunden einfach an, dass von ihnen nichts Gutes zu erwarten war. Aber ich wollte mal nicht so sein und ließ ihn gewähren.

»Na gut, fangen Sie an mit Ihrem Angebot, das ich nicht ablehnen kann. Ach, und nur ganz nebenbei, Betonschuhe stehen mir so gar nicht.«

Natürlich verstand er den Spruch nicht, das konnte man ihm ansehen, aber das sollte auch egal sein. Und wieder begann er seinen Satz, den er wohl aus der x-ten Wiederholung von *Der Pate* auswendig gelernt hatte.

»Ich werde Ihnen ein Angebot machen, das Sie nicht abschlagen können. Ich werde nämlich mit einem Gedicht bezahlen.«

»Bitte was?«, fragte ich. Mir war neu, dass Gedichte nun ein alternatives Zahlungsmittel in Deutschland sein sollten.

»Ich werde mit einem Gedicht zahlen.«

»Nein.«

Er blieb hart.

»Doch!«

Gut, so kam ich bei diesem Herrn nicht weiter, also drehte ich den Spieß um. Ich stand auf, beugte mich vor zu ihm und sagte:

»Und jetzt werde ich Ihnen ein Angebot machen, das Sie nicht ausschlagen können: Für diese tollen Erdbeeren und das leckere Eis dort in Ihrer Tüte bekomme ich 1,98 Euro von Ihnen, oder das leckere Eis und diese gut aussehenden Erdbeeren bleiben hier bei mir.«

Ich habe noch nie einen Menschen gesehen, der so schnell Geld aus seiner Tasche geholt hat. Er knallte mir eine 2-Euro-Münze auf die Kasse.

»Sie wissen ja nicht, was sie verpassen!«

Eigentlich wollte ich auch gar nicht wissen, was ich verpasse, denn Gedichte sind ohnehin nicht mein Ding. Also hörte ich auch gar nicht weiter zu und schob eine Münze über den Tresen.

»Und Ihre zwei Cent zurück, und einen schönen Tag wünsche ich Ihnen noch.«

Während er das Geld einsteckte, fragte ich mich, ob er irgendwo mit dieser Masche Erfolg hatte.

Als er sich umdrehte und ging, konnte ich den Aufdruck auf dem Rücken seines T-Shirts lesen:

»*Das Reh springt hoch,*
das Reh springt weit,
warum auch nicht,
es hat ja Zeit.
– Heinz Erhardt.«

Gut, so war ich am Schluss sogar noch zu einer Art Trinkgeld gekommen …

54

MANCHMAL KOMMEN SIE WIEDER …

KOMMEN WIR NUN zu der wirklich absonderlichsten Geschichte, die ich erlebt habe und die es mir heute noch eiskalt den Rücken runterlaufen lässt. Vielleicht ist jetzt der richtige Augenblick, noch einmal nachdrücklich zu erwähnen, dass nichts von dem, was ich hier erzähle, frei erfunden ist. Irgendwo habe ich gehört, dass nur das Leben selbst die merkwürdigsten Geschichten schreibt – und das hätte ich an diesem Abend blind unterschrieben, denn solch eine Story denkt sich wirklich niemand aus.

Es war ein Samstagabend, Spätschicht, und ich sollte eine alte *Freundin* wiedersehen. Davon ahnte ich natürlich noch nichts. Ich hätte im Laden unterwegs sein sollen, aber da die Kollegin an der Kasse einem dringenden Bedürfnis nachgehen musste, half ich als höchstoffizielle Schul- und Kassierkraft natürlich freudestrahlend aus. Aber ganz im Ernst, mir machte die Kasse inzwischen mehr Spaß als alle übrigen Aufgaben im Laden, denn beim Kassieren ist man nah am Kunden, und eigentlich ist der Umgang mit den Kunden schon etwas Tolles.

Es war eigentlich ein typischer Samstagabend, immer wieder versuchten unterschiedliche Jugendliche, mich auszutricksen und Alkohol zu kaufen, immer wieder machte ich ihnen mit großem Vergnügen einen Strich durch die Rechnung und ließ sie auflaufen. Die Jugendlichen waren verschwunden und ich räumte gerade ein paar Regale in der Nähe der Kasse auf, als eine Kundin von vorne rief:

»Kasse bitte!«

»Komme schon, hetzen Sie doch bitte keinen alten Mann«, erwiderte ich mit einem Grinsen.

Als ich bei ihr war und meinen Platz einnahm, sah ich sie lächeln. Das meinte ich eben, der Umgang mit *netten* Kunden macht einem die Arbeit sofort erträglich und belohnt einen viel mehr für die Plackerei als das bisschen Geld, das man am Monatsende dafür erhält.

Ich konzentrierte mich auf ihren Einkauf und scannte ihre Artikel der Reihe nach ein, als ich auf einmal aus den Augenwinkeln sah, wie eine Kundin in den Laden gerannt kam. Ich dachte mir zunächst nichts dabei, es war schließlich Sommer, und an lauen Abenden kamen die Kunden auch schon mal recht spät in den Laden, um noch rasch etwas für die Grillparty zu besorgen, was sie vergessen hatten. Aber diese Dame war definitiv anders. Sie war vollkommen aus der Puste und kam direkt zu mir an die Kasse.

»Ich brauche dringend Ihre Hilfe.«

Ich erschrak im ersten Moment, denn ich konnte ja nicht wissen, ob draußen etwas passiert war. Schließlich war es schon recht spät, es war kurz vor Feierabend, und vielleicht lauerte der Frau draußen irgendjemand auf?

»Ganz ruhig erst mal, was kann ich denn für Sie tun?«

Ich musterte die Frau kurz, mir kam sie irgendwie bekannt vor, aber im Moment konnte ich sie nicht zuordnen und gab mich mit der wahrscheinlichsten Theorie zufrieden, dass sie einfach eine Kundin war, die hin und wieder bei uns einkaufte. Sie japste nach Luft.

»Sie müssen die Polizei rufen!«

Glücklicherweise lag das Telefon direkt neben mir, weil um diese Uhrzeit niemand mehr im Büro war. Ich griff nach dem Telefon und drückte zweimal die Eins auf der Tastatur, stoppte dann aber, weil ich doch zunächst wissen wollte, was überhaupt passiert war. Genau das würde mich die Polizei ja fragen, nachdem ich die letzte Zahl ins Gerät getippt hätte.

»Was ist denn passiert, ist jemand hinter Ihnen her?«, riet ich ins Blaue hinein.

Sie blickte sich langsam in alle Richtungen um, und ich sah meine Vermutung schon bestätigt, als sie sich dann zu mir herunterbeugte, um mir leise ins Gesicht zu flüstern:

»Ich wurde ermordet!«

Und genau in diesem Moment erkannte ich sie wieder: Nein, das war nicht einfach irgendeine Kundin, die ab und zu bei uns war, es war auch keine Testeinkäuferin aus der Zentrale, nicht meine Freundin, die mir liebend gern die aufgeräumten Regale durcheinander brachte – es war genau die Frau, die uns diesen schicken Steinkreis auf den Parkplatz gelegt und unseren Laden daraufhin verflucht hatte. Ich sank zurück in meinen Drehstuhl. Sie war also wieder da, diesmal hatte ich aber weit weniger Befürchtungen, weil ich inzwischen absolut sicher war, dass ihre Flüche und dunklen Rituale keine echte Wirkung hatten, und beschloss, ihre Spielchen zumindest eine Runde lang mitzuspielen. Ich atmete tief durch.

»Okay, Sie wurden ermordet?! Aber sonst ist alles gut bei Ihnen, ja?«

Die Frage war durchaus ernst gemeint, denn wer konnte ahnen, ob sie nicht vielleicht wirklich ein Problem hatte oder ob sie einfach nur den weiß gekleideten Männern mit der Hab-mich-lieb-Jacke weggelaufen war.

Ich legte das Telefon jetzt erst mal zur Seite, denn ich war sicher, dass ich es in den kommenden Minuten doch nicht benötigen würde. Meine Kundin, deren Einkauf ich eigentlich gerade abkassierte, schlich vorsichtig rückwärts bis zum Ende des Bandes. Man konnte ihr ansehen, dass sie ein wenig verängstigt war. Kein Wunder in dieser für sie wohl einmaligen Situation, und sie konnte schließlich genauso wenig wie ich wissen, wie die Steinkreis-Lady tickte. Die deutete jetzt auf das weggelegte Telefon und sagte:

»Rufen Sie die Polizei in Düsseldorf, die haben meinen Namen, die wissen, wer ich bin, wissen alles über mich. Nur die können helfen.« Die ganze Sache war einfach nur noch absurd.

»Also noch mal langsam: Ich soll die Polizei in Düsseldorf anrufen, weil Sie eben gerade ermordet worden sind«, fasste ich die mir bekannten Fakten noch einmal zusammen.

Sie sah mich an und schrie dann plötzlich los:

»Na, sehen Sie denn nicht, dass ich tot bin?«

Mit angewinkelten Armen deutete sie auf sich selbst und ich musterte sie erneut, konnte allerdings kein Zeichen einer Verletzung entdecken und zuckte mit den Schultern.

Daraufhin bekam die Stein-Lady einen derartig hysterischen Lachanfall, wie ich ihn noch nie gehört hatte. Sie lachte und lachte und rannte schließlich wieder aus dem Laden. Mir blieb die Spucke weg, und auch meine Kundin war ganz aufgelöst, fand aber ihre Sprache wieder:

»Um Gottes willen, was war das denn? Wo kam die her? Da bekommt man es ja mit der Angst zu tun. Wer weiß, wo die jetzt hin ist? Und ich muss alleine auf den Parkplatz gehen.«

Klar, ich konnte die Kundin voll und ganz verstehen, denn ganz wohl gewesen war es mir auch nicht bei der Sache. Man hört schließlich immer wieder, dass Leute durchdrehen, und dann musste man auf alles gefasst sein.

Ich bot der Kundin an, sie zu ihrem Auto zu begleiten, auch wenn ich selbst ein mulmiges Gefühl dabei hatte. Sie nahm das Angebot dankend an, und wir pirschten uns über den Parkplatz an ihren Wagen heran, aber von der Stein-Lady war nichts mehr zu sehen. Meine Kundin rauschte beruhigt von dannen, und ich ging flotter als eigentlich notwendig zurück in das schützende Neonlicht des Ladens. Meine Kollegin war nun auch zurück vom stillen Örtchen und fragte, ob sie etwas verpasst hatte.

»Nichts, außer dem alltäglichen Wahnsinn«, sagte ich zu ihr. Ich rief daraufhin unseren Bezirksleiter an und fragte ihn, ob man irgendetwas gegen diese Frau unternehmen konnte, aber er hatte nichts Besseres zu tun, als mich wieder einmal auszulachen.

55

DAS IST ZU WENIG

ES GIBT JA LEIDER immer wieder den Fall, dass Betrunkene in den Laden kommen, um sich Nachschub zu holen. Wir im Discounter wissen, dass diese armen Gestalten meistens nichts Böses wollen, aber natürlich macht es einem den Job nicht gerade einfacher.

Es war ein regnerischer Tag, und ich hatte Spätschicht. Es war relativ ruhig, und so beobachtete ich, wie eine Kundin in den Laden getorkelt kam. Ja, sie torkelte wirklich sehr stark, und ohne sich hier und da festzuhalten, kam sie streckenweise gar nicht vom Fleck. Ihr wankender Gang führte sie, wie sollte es auch anders sein, in Richtung der Spirituosen. Sie griff zielgenau nach einer Flasche, was ihr in ihrem Zustand beziehungsweise mit dem unverkennbaren Alkoholpegel verblüffend gut gelang. Ich sah mich ja schon mit dem Wischmopp durch den Laden rennen, weil sie die Flasche hatte fallen lassen, oder dass ich sie retten musste, weil sie über und über mit Flaschen bedeckt wie ein Käfer auf dem Rücken im Spirituosenregal lag und nicht mehr hochkam. Ich war überrascht, wie souverän sie mit der Flasche in der Hand laufen konnte. Sie steuerte meine Kasse an, und ich begrüßte auch diese Kundin, wie ich jeden Kunden begrüße:

»Einen wunderschönen guten Abend.«

Ich bekam, wie sollte es anders sein, natürlich keine Antwort von ihr, sah aber, wie sie wieder zu schwanken begann, nachdem sie die Flasche abgelegt hatte. Es war fast so, als könnte sie sich allen Regeln der Schwerkraft zum Trotz an dieser Flasche in ihrer Hand einfach festhalten.

Ich scannte also ihren Wein.

»Das macht dann 2,99 Euro bitte.«

Sie fing an, in ihrer Geldbörse zu kramen. Das dauerte natürlich einen Augenblick, denn man ist ja im betrunkenen Zustand nicht mehr der – oder in diesem Fall: *die* – Schnellste. Ihr gelang es schließlich, mir Geld auf die Kasse zu legen, und ich zählte nach.

»Zwei Euro … 2,50 Euro, 2,90 Euro. Da fehlen noch neun Cent.« Sie sah mich fragend an, und ich legte das Geld zurück auf die Theke und wiederholte meine Aussage:

»Was Sie hier hingelegt haben, reicht leider nicht. Da fehlen neun Cent.«

Ich war mir nicht sicher, ob sie mich wirklich verstanden hatte, aber sie fing an, in ihren Taschen zu wühlen. Offensichtlich waren die aber bereits leer. Dann griff sie zu dem Geld, das auf der Kasse vor ihr lag. Sie nahm zehn Cent weg und schob sie wieder hin und fragte: »Jetzt?«

Ich war begeistert, dass sie tatsächlich mit mir sprach, aber es reichte ja trotzdem noch nicht, also blieb mir nichts übrig, als zu verneinen:

»Es sind immer noch neun Cent zu wenig.«

Aber sie verstand es wieder nicht, zog wieder zehn Cent weg, schob sie zurück und fragte wieder:

»Jetzt?«

Und ich konnte wieder nur sagen:

»Nein, leider nicht, es fehlen immer noch neun Cent.«

Es war glücklicherweise nichts los im Laden, so konnte ich es mir erlauben, das Spielchen noch eine Weile zu spielen. Aber nach drei Minuten verlor ich die Lust und versuchte noch einmal, ihr die Problematik in einfachen Worten klarzumachen:

»Also, wenn Sie diese neun Cent nicht haben, dann bekommen Sie auch die Flasche nicht von mir. Und um ehrlich zu sein, würde ich an Ihrer Stelle heute auch nichts mehr trinken. Nun stecken Sie Ihr Geld ein und gehen Sie bitte.«

Offensichtlich hatte sie es nun verstanden und änderte kurzerhand ihre Strategie, setzte einen steinerweichenden Hundeblick auf und kramte zu meiner Überraschung ein neues Wort hervor:

»Bitte …?!«

Aber auch damit biss sie bei mir auf Granit. Ich darf ja keine Artikel verschenken oder einfach einen Rabatt geben, denn genau so etwas spricht sich herum, und dann stehen die Leute bei einem und wollen auch, dass man ihnen ein paar Cent schenkt.

»Gute Frau. Ich darf das nicht und ich *will* das auch nicht.«

Sie nickte, steckte ihr Geld ein und torkelte aus dem Laden.

Weil derlei Auftritte beinahe an der Tagesordnung waren, konnte ich die Geschichte sofort wieder ausblenden und mich meinen Aufgaben widmen. Aber schon ein paar Minuten später stand eine Kundin vor mir.

»Hallo, ich habe mal eine Frage. Können Sie irgendetwas gegen die stark alkoholisierte Frau auf dem Parkplatz unternehmen, die die Kunden anbettelt und die Leute schon sehr arg bedrängt? Das ist nicht sehr förderlich für Ihr Geschäft, was die Dame da macht.«

»Okay, ich geh mal nachschauen, was da los ist«, versprach ich der Kundin, und das tat ich auch. Und wer lehnte da an der Wand neben unserer Eingangstüre? Genau: die Frau von meiner Kasse, der neun Cent für ihre Flasche Wein fehlten! Ich ging schleunigst auf sie zu, und zu meiner Überraschung sprach sie mich an, und zwar in gleich mehreren, ganzen Sätzen:

»Haben Sie vielleicht zehn Cent für mich? Ich möchte mir drinnen was zu essen kaufen, aber mir fehlen zehn Cent.«

Ich war einen Augenblick lang perplex, konzentrierte mich dann aber wieder auf meine Aufgabe:

»Nein, Sie wollen sich Wein kaufen, und dafür fehlen Ihnen neun Cent. Und das Betteln lassen Sie hier bitte. Und verlassen Sie das Gelände.«

»Sie haben mir hier gar nichts zu sagen.«

In dem Moment verstand ich, dass sie mächtig betrunken sein musste. Sie konnte sich beim besten Willen nicht mehr daran erinnern, dass sie mir noch vor fünf Minuten an der Kasse gegenübergestanden hatte.

»Doch, ich habe etwas zu sagen, denn ich arbeite hier. Und Sie waren eben gerade bei mir an der Kasse, und ich habe Ihnen den Wein nicht verkauft, weil Ihnen neun Cent gefehlt haben. Und nun gehen Sie bitte!«

Sie sah mich erbost an, torkelte dann aber schließlich von dannen. Ich habe sie an diesem Abend auch nicht mehr gesehen. Ich weiß nicht, ob sie die fehlenden neun Cent noch bekommen hat oder ob sie aufgegeben hatte. Beim Hineingehen fiel mir an der Wand neben der Eingangstür, an der die Frau gelehnt hatte, das Werbeplakat für den Frascati auf, den wir aktuell in der Werbung hatten. Ich erinnerte mich jetzt auch, den Wein hinten im Laden gegenüber den Molkereiprodukten aufgebaut zu haben. Eine Flasche kostete diese Woche nur 2,79 Euro.

56

BOAH SIND SIE UNFREUNDLICH

MEINE NÄCHSTE GESCHICHTE handelt von einer Stammkundin. Ich war ja der Meinung, dass diese Kundin dauerschwanger war. Sie kam seit Monaten immer gemeinsam mit ihrem Sohn einkaufen und kaufte immer nur *Baby-Brei mit Keks* und nie einen anderen Artikel. Und falls der Baby-Brei einmal ausverkauft war, schnauzte sie den erstbesten Mitarbeiter an, den sie im Laden finden konnte. Wir kannten sie alle, denn sie hatte eine Spezialität, ein unverwechselbares Markenzeichen: Sie hatte nie genug Geld dabei. Bei jedem Einkauf stellte sie sich an die Kasse, bemerkte, dass sie nicht genug Geld in der Tasche hatte, und so musste sie jedes Mal hinausgehen zu ihrem Auto, um den Restbetrag zu holen. Man sollte ja meinen, dass sie den Betrag hätte wissen müssen, schließlich kaufte sie immer nur denselben Baby-Brei, und dessen Preis änderte sich natürlich nicht wöchentlich. Klar, es kann jedem passieren, dass man nur rasch einen Schein in die Tasche steckt, der dann beim Bezahlen nicht reicht, und dann muss man noch einmal schnell ins Auto – aber diese Kundin lief jedes Mal ganz gemütlich über den Parkplatz, und es dauerte eine Ewigkeit, bis sie wieder zurück war, egal wie lang die Schlange an der Kasse hinter ihr auch sein mochte. Dementsprechend beliebt war sie natürlich bei uns.

Wie auch immer, seit ein paar Wochen lief gerade wieder eine unserer wunderschönen Treuepunkte-Aktionen, und auch Frau Baby-Brei sammelte fleißig Punkte. Ich erkannte es daran, dass sie das Sammelheftchen bereits in den Händen hielt, als sie sich bei mir an der Kasse anstellte. Ich begrüßte sie freundlich, und sie warf mir einen genervten Blick zu. Okay, ich wusste sowieso, was als Nächstes passieren würde, also machte ich einfach meine Arbeit und scannte ihre sechs Gläser Baby-Brei ein.

»Das macht dann 5,94 Euro, bitte.«

»Oje, so viel habe ich nicht dabei. Da muss ich mal eben ins Auto zu meinem Freund, noch Geld holen.«

»Ach nee, was für eine Überraschung.«

Ja, ich weiß, niemand hatte mich gebeten, die Situation zu kommentieren, aber irgendwie konnte ich an diesem Tag nicht an mich halten. Hey, und wenn Blicke töten könnten, wäre ich genau in diesem Moment leblos vom Stuhl geplumpst. Das war ihr allerdings egal, denn sie schlenderte gemütlich wie üblich in Richtung Ausgang, und mir blieb nichts anderes übrig als auf ihre Rückkehr zu warten. Schließlich kam sie nach einer gefühlten Ewigkeit zurück und hatte tatsächlich auch genug Geld dabei, um ihren Brei rechtmäßig zu erwerben. Das freute mich sehr, ich kassierte sie ab und fragte noch:

»Sammeln Sie unsere Treuepunkte?«

Sie nickte und erklärte:

»Wir brauchen nur noch zwei Stück, dann haben wir das Heft voll!«

Na, dann wollte ich mal nicht so sein und gab ihr die fehlenden zwei Sticker, damit sie ihr Heft vervollständigen und sich ihre Prämie aussuchen konnte. Sie freute sich tatsächlich und lächelte zufrieden. Sie reichte mir das Heftchen und die beiden Sticker, die ich ihr eben gegeben hatte.

»Tut mir leid, aber ich kann das so nicht annehmen. Sie müssen die beiden Sticker, die ich Ihnen gerade gegeben habe, bitte noch einkleben und ihre Anschrift hinten auf die letzte Seite schreiben.«

Das fand sie überhaupt nicht gut. Was sollte ich tun? Regeln sind Regeln, ich habe nun mal Anweisungen, an die ich mich ein wenig halten musste. Sie stöhnte vollkommen genervt und setzte ihren Sohn vor mich aufs Band. Vor meinem geistigen Auge entstand kurz das Bild von Maggie, die im Vorspann der *Simpsons* auch auf dem Kassenband saß und eingescannt wird. Ich überlegte kurz, ob ich versuchen sollte, diesen Jungen vor mir zu scannen, da machte es *Patsch!* und sie knallte das Sammelheftchen auf die Ablage und riss mich aus meinen Gedanken. Sie beugte sich herüber, um die beiden Sticker einzukleben, und drehte das Heftchen dann um, vermutlich um ihre Adresse zu vermerken. Ich konnte so nicht weiterarbeiten, also bat ich sie: »Könnten Sie ein kleines Stück zur Seite gehen, damit ich hier weiterarbeiten kann?«

Ich sagte das weder frech noch böse, aber offenbar war diese eine Bitte zu viel für sie, und sie brüllte mir direkt ins Ohr:

»Was? Sind Sie bekloppt? Sie sind das unfreundlichste Ding, das hier herumläuft.«

Aha, ein *Ding* war ich also? Aber kein Grund, gleich in die Luft zu gehen, also konterte ich immer noch ruhig und gelassen:

»Oh, ich glaube, den Platz als *unfreundlichstes Ding* teilen wir uns dann aber, richtig?«

Das war er dann, der Tropfen, der das Fass überlaufen ließ, und sie sammelte ihre besten Kraftausdrücke zusammen, um richtig Dampf abzulassen:

»Sie sind so ein unfreundliches Arschloch, was denken Sie, wer Sie sind?«

»Christian Klein, immer noch, aber das steht ja auch auf meinem Namensschildchen hier.«

Ich tippte an meine Brust, an die das Schild geheftet war. Hätte ich vielleicht besser die Klappe halten sollen? Egal, gesagt ist gesagt, und sie meckerte weiter:

»Was sind Sie nur für ein Penner?«

Mir reichte es, denn beleidigen lassen musste ich mich wirklich nicht. Zumal inzwischen eine beachtliche Schlange an der Kasse stand, die uns beiden zuhörte.

»Gute Frau, es gibt zwei Dinge, die ich Ihnen gern sagen würde. Erstens: Wer schreit, hat unrecht. Und zweitens: Wer schreit, hört auf zu denken. Sie können sich jetzt aussuchen, was davon auf Sie zutrifft – und nein, ich möchte gar nicht wissen, zu welchem Ergebnis Sie dabei kommen.«

Aha, damit hatte sie nicht gerechnet, denn sie rang nach Worten: »Sie sind das Unfreundlichste, was hier rumläuft«, wiederholte sie erneut und setzte nach, »ich komme nie wieder in Ihren Scheißladen.«

Ich überlegte kurz, ob ich ihr jetzt erklären sollte, dass dies hier gar nicht mein Laden war, dass ich hier nur arbeitete und dass mir somit ihre Drohung ziemlich egal war, aber das ließ ich sein, denn ich hatte keine Lust mehr, mich mit ihr zu streiten.

Schließlich zerriss sie noch ihr Treuepunkteheft, warf mir die Schnipsel vor die Füße und hob ihren Sohn vom Band hoch. In dem Augenblick piepte meine Kasse und ich musste laut lachen, denn jetzt fühlte ich mich ganz sicher gefangen in einer *Simpsons*-Folge. Als ich allerdings auf mein Kassendisplay schaute, erklärte sich die Sache sofort, da stand: Kinder-Jeans, 9,99 EUR. Der Junge hatte eine Hose an, die hier im Laden gekauft worden war, und irgendwo an dem Kleidungsstück versteckte sich wohl noch ein Scanner-Code. Immer noch schmunzelnd drückte ich die Storno-Taste und schaute der Frau hinterher, wie sie keifend und wild gestikulierend den Laden verließ. Mir tat der Junge ein wenig leid, dass er in seinem Alter mitbekommen musste, wie seine Mutter mit Kraftausdrücken in der Öffentlichkeit um sich warf.

Die Drohung, unseren Laden nie wieder zu betreten, hatte sie nach nur vier Tagen schon wieder vergessen. Da stand sie nämlich erneut an der Kasse und war überraschend freundlich und hatte, oh Wunder, sogar genug Geld dabei, um ihren Einkauf zu bezahlen.

Einige Wochen später kam ich gerade zur Arbeit, als ich sie auf unserem Parkplatz aus dem Auto steigen sah. Der Fahrer war offenbar ihr Freund, der *Geldautomat*, der immer den fehlenden Betrag für sie bereithielt. Während sie in Richtung Laden ging, konnte ich meinen Augen nicht trauen: Der *Geldautomat* öffnete ein Glas *Baby-Brei mit Keks*, tauchte einen Löffel hinein, nur um ihn eine Sekunde später genüsslich abzuschlecken. Von wegen »dauerschwanger« …

57

KEIN ALKOHOL IST AUCH KEINE LÖSUNG

EINE FRÜHSCHICHT ZU HABEN ist eigentlich etwas Tolles, man kann am frühen Nachmittag nach Hause und hat noch richtig was vom Tag. Es sei denn, man hat die Nacht nicht viel geschlafen, und der Wecker reißt einen gnadenlos aus dem Tiefschlaf. Genau so war es bei mir an diesem Tag. Ich stand aufgrund des Schlafmangels völlig neben mir, und so ging an diesem Morgen alles schief, was schiefgehen konnte: Mir verbrannten die Brötchen, was schon mal »sehr gut« ankam bei der Chefin, und als ich dann helfen sollte, das Obst und Gemüse einzuräumen, fiel mir noch eine Kiste Tomaten auf den Fuß, und das tat echt verdammt weh. Wir konnten zwar die Tomaten retten, aber mein Fuß schmerzte den ganzen Tag. Da ich immer wieder zur Kasse musste, humpelte ich also hin und her zwischen Obst und Gemüse und der Kasse. Wie sollte es anders sein, als hätten sich die Kunden an diesem Morgen abgesprochen, kamen sie immer einzeln zur Kasse, und zwar jedes Mal genau dann, wenn ich gerade wieder beim Obst angekommen war. So ging es den ganzen Morgen, hinhumpeln, zurückhumpeln, wieder hinhumpeln und so weiter. Aber zumindest waren die Kunden an diesem Morgen recht pflegeleicht, also machte es mir nicht allzu viel aus. Gut, sagen wir lieber, fast alle Kunden waren pflegeleicht, sonst bräuchte es diese Geschichte ja nicht …

Es stellte sich ein Mann an die Kasse, der sich seine morgendliche Ration Alkohol kaufen wollte. Es erschreckte mich nicht, wir hatten viele Stammkunden, die jeden Morgen schon vor dem Laden warteten, um sich Bier, Wein oder Schnaps zu kaufen. Diesen Mann allerdings sah ich zum ersten Mal.

Ich humpelte also zur Kasse, um seine zwei Flachmänner und seinen Sechserpack Bier abzukassieren. Er stand in kompletter

Arbeitsmontur vor mir und sah nicht so aus, als ob er ein Alkoholproblem hätte. Er war sehr gepflegt, was man ja leider nicht von jedem Alkoholabhängigen sagen kann. Ich war schließlich angekommen an der Kasse und setzte mich hin.

»Guten Morgen.«

»Ja, guten Morgen.«

Mir wehte eine wunderschöne Alkoholfahne entgegen, und mir wurde leicht übel. Aber da musste ich durch als Lurch, wenn ich ein Frosch werden wollte.

Ich beeilte mich mit dem Kassieren, aber ausgerechnet er musste mit mir noch ein Schwätzchen halten.

»Das macht 6,57 Euro, bitte«, sagte ich, und ich hoffte, dass er schnell zahlt und dann wieder geht; aber das wäre ja auch zu schön gewesen.

»Ja, machen wir sofort!«

Er fing an, in der Tasche zu kramen, und plauderte weiter.

»Willst' auch einen haben?«

Ich verstand zunächst nicht, was er damit sagen wollte.

»Was meinen Sie?«, hakte ich nach.

»Na, einen Kurzen. Ich schenk dir einen!«

»Nee, danke, ich muss noch arbeiten, und während der Arbeit geht das ja mal gar nicht.«

Für mich war das Thema damit durch, aber für den Kunden, der inzwischen sein Geld gefunden hatte, offensichtlich nicht:

»Hier, dein Geld. Willst du wirklich nicht? Ich verrate das auch keinem, und es sieht ja auch keiner. Jetzt hab dich mal nicht so …«

Ich durfte nicht, und ich wollte auch überhaupt nicht, ein klares Nein, und das sagte ich ihm nochmals deutlich:

»Ich will nicht, weil mir mein Job wichtiger ist als etwas zu trinken. Die Kunden riechen so was doch – und ich will auch einfach nicht: Nein danke!«

Ich hoffte, dass er das verstanden hatte, aber ich irrte mich: »Ey komm, Wodka riecht man doch nicht, und kein Alkohol ist doch auch keine Lösung. Was bist du für ein Spießer? Hab doch mal Spaß! Ich geb dir auch einen aus …«

Und so etwas am frühen Morgen nach einer Nacht ohne Schlaf. Es war noch nicht einmal neun Uhr morgens.

»So, noch einmal langsam zum Mitschreiben: Nein, ich will nicht! Und nun hören Sie auf zu fragen, es geht mir gewaltig auf die Nerven, wenn mich irgendjemand zu irgendwas überreden will.«

Ich wurde mit meiner Ansage vermutlich recht laut, denn auch die Chefin bekam das Ganze jetzt mit und beobachtete mich und den Kunden.

Mein neuer Saufkumpan war inzwischen richtig sauer, weil ich mit ihm keinen heben wollte, bezeichnete mich weiterhin als Spießer und Spaßbremse, aber damit konnte ich gut leben. Er gab es schließlich auf und verließ den Laden, vermutlich um sich draußen einen anderen Saufkumpan zu suchen. Ich humpelte zurück zum Obst und Gemüse, wo die Chefin auf mich wartete und natürlich ganz genau wissen wollte, was eben passiert war. Ich entschied mich für eine kurze Zusammenfassung:

»Er wollte, dass ich mit ihm einen Kurzen trinke, und ich so ›nein‹ und er so ›doch‹ und ich so ›nein‹ und er so ›doch‹ und so weiter und so weiter.«

Die Chefin lachte sich daraufhin schlapp und fragte:

»Warum ziehen Sie eigentlich immer die komischen Kunden an?«

Mir fiel dazu nichts ein, denn auf genau diese Frage suchte ich selbst schon seit Ewigkeiten nach einer Antwort …

58

HILFE, ICH BIN IM EINKAUFSWAGEN GEFANGEN!

KENNEN SIE ORLA E. WATSON? Wahrscheinlich nicht, es sei denn, Sie waren kurz nach dem Zweiten Weltkrieg in Kansas City, USA, unterwegs. Orla Watson verdanken wir die wunderbare Erfindung des Einkaufswagens! 1946 stellte er zehn Lebensmittelhändlern den Prototypen, das *Telescope Cart*, vor, und es dauerte geschlagene drei Jahre, bis er am 16. August 1949 seine Erfindung mit der Nummer 2.479.530 zum Patent angemeldet hatte. Hätte Orla Watson gewusst, was er damit gut 70 Jahre später anrichten würde, hätte zumindest ich es mir an seiner Stelle sicherlich anders überlegt.

Eines Mittwochnachmittags saß ich an der Kasse und kassierte eben den letzten Kunden ab, als ich ein markerschütterndes Jaulen aus Richtung der Einkaufswagen hörte. Bei fast allen Geschäften stehen die Einkaufswagen draußen vor dem Laden, und so hätte ich dieses Geräusch vermutlich kaum gehört, aber da wir einen sehr kleinen Parkplatz hatten, standen die Wagen in unserem Supermarkt gleich in meinem Rücken hinter den Kassen.

Wieder wimmerte es, und ich versuchte, mich daran zu erinnern, was für ein Geräusch das wohl war. Eine Katze möglicherweise, oder ein kleiner Hund, der vielleicht bei den Einkaufswagen angebunden auf sein Frauchen oder Herrchen wartete? Auf jeden Fall musste es ein Tier sein, das da so jämmerlich jaulte, so viel stand für mich fest. Ich gab meinem Kunden seine Quittung und das Wechselgeld, schaltete die Kasse in Pause, stand auf und drehte mich um zur Geräuschquelle.

Doch anstelle eines heulenden Huskys oder traurigen Terriers sah ich eine junge Frau, die bei den Wagen stand. Genau in dem Moment hörte ich sie auch schon wimmern:

»Hilfe, ich bin im Einkaufswagen gefangen! Kann mir bitte jemand helfen?«

Ich stand auf, um nachzuschauen, was das Problem war. Die Frau wurde langsam etwas panisch.

»Hallo, geht das auch schneller?! Ich komme hier nicht mehr raus!«

Nun, wir im Discounter erleben ja echt eine Menge, aber diese Situation war wirklich neu. Kaum war ich bei der Frau angekommen, hatte sie nichts Besseres zu tun, als mich in ihrer Panik anzuschreien:

»Nun machen Sie doch was, ich stecke hier fest!«

»Schreien Sie mich bitte nicht an, ich bin sensibel«, war das Erste, was mir als Antwort einfiel. Das schien ihr aber egal zu sein. Wild gestikulierend deutete sie auf den Einkaufswagen direkt vor ihr. Aha, nun konnte ich auch sehen, wo das Problem lag: Die Dame hatte offenbar ihre Jacke im Münzschloss des Einkaufswagens eingeklemmt, als sie das Gefährt zurückgeben wollte, um ihren Euro wiederzubekommen. Na, das sollte ja kein Problem sein, denn eigentlich musste man den Euro nur wieder in die Lade des Schlosses stecken und die Lade wieder verriegeln, dann sollte sich die Jacke auch wieder befreien lassen. In der Theorie. Aber natürlich klappte das nicht. Ich probierte es drei-, viermal, überwacht von den panischen Augen der jungen Frau, doch die Jacke hatte sich eindeutig so unglücklich verklemmt, dass sich Jacke und Einkaufswagen nicht mehr trennen ließen. Ich überlegte: Vielleicht war dem Einkaufswagen ja kalt, und er wollte deshalb die Jacke behalten? Oder fand der Wagen das Kleidungsstück an sich so hübsch, dass er es nicht mehr hergab? Ich wollte gerade nachsehen, ob es sich bei der Jacke um einen teuren Markenartikel handelte, da störte die gefangene Kundin meine hintergründigen Gedankengänge:

»Nun machen Sie doch was«, schrie sie mich angsterfüllt an.

Ich nestelte noch einmal an dem Schloss und dem Jackenzipfel herum, aber musste eingestehen, dass alles vergebens war:

»Wie es aussieht, können wir Sie da leider nur herausbekommen, indem wir Ihnen Ihre Jacke kaputt schneiden …«, sagte ich, aber sie schüttelte vehement den Kopf.

»Rufen Sie die Feuerwehr, die sollen mich herausschneiden – oder die Polizei!«

»Und was bitte soll die Polizei machen? Den Einkaufswagen verhören und vor Gericht stellen wegen unerlaubter Freiheitsberaubung mit anschließender Geiselnahme?«

Sie brüllte, geriet weiter in Panik und zerrte und zog wie wild an ihrem Jackensaum, sodass die ganze Reihe der Einkaufswagen begann, sich rasselnd und klirrend mitzubewegen.

Was als Nächstes geschah, kann ich nicht beschreiben. Vielleicht hatte der Gott der Einkaufswagen mein unausgesprochenes Stoßgebet erhört und wirkte ein Wunder, denn plötzlich löste sich ihre

Jacke, ganz einfach, ganz simpel, ohne Zerreißen oder eine Beschädigung an dem Einkaufswagen. Die Kundin war frei!

Ich konnte mir den passenden Kommentar nicht verkneifen: »Oh Gott, ein Wunder! Sie sind frei, das sollten wir feiern!«

Sie sah mich entsetzt an, strich sich über ihre Jacke und verschwand ohne ein weiteres Wort aus dem Laden. Sie vergaß sogar noch, ihren Wagen ordnungsgemäß abzugeben, und somit hatte ich für meine Heldentat sogar noch einen Euro Trinkgeld bekommen. Ich beschloss, für diesen Euro am Sonntag in der Kirche eine Kerze anzuzünden. Eine Kerze für den Gott der Einkaufswagen und für Orla E. Watson, Gottes Vertreter auf Erden …

59

BABY, ICH HAB HEFE!

ES IST EIGENTLICH KOMISCH. Nach jeder hier erzählten Geschichte denkt man eigentlich, dass es schlimmer nicht mehr kommen kann, aber offensichtlich gibt es irgendwo auf der Welt eine Organisation, die sich darauf spezialisiert hat, uns Verkäufer in den Wahnsinn zu treiben.

Ich dachte ja, jeder Mensch auf dieser Welt weiß, was man von einem Discounter erwarten kann und was nicht. Mein nächster Kunde wusste es allerdings nicht:

Es war ein Tag wie jeder andere. Ich war recht gut drauf gewesen und freute mich auf die Arbeit. Ich wusste, dass ich an diesem Tag keinen Kassendienst haben würde, da ich nachmittags noch einen Termin hatte. Als ich auf den Parkplatz einbog, konnte ich an der Unmenge der geparkten Fahrzeuge schon erkennen, wie voll es war. *Na gut, dann mal auf in den Kampf!*

Es war ein »Warentag«, also hieß es für mich, rein ins Lager, Ware um- und aufladen und ab ins Getümmel. Muss man Ware einräumen, wenn der Laden rappelvoll ist, ist das echt unpraktisch, weil man mit den sperrigen Hubwagen mit den Warenpaletten darauf nicht richtig an die Regale herankommt und man außerdem noch aufpassen muss, die Kunden nicht über den Haufen zu fahren. Aber mit guter Laune lassen sich auch diese schwierigen Klippen umschiffen, und dementsprechend optimistisch blickte ich meinen Aufgaben entgegen. Was ich allerdings nicht ahnte, war, dass die Organisation *Wie treiben wir einen Verkäufer in den Wahnsinn* (kurz *WTVW*) gestern Abend wohl auch ein Treffen hatte, denn anders konnte ich mir das Nachfolgende nicht erklären: Ich befand mich beim *Persil-Tetris*, wie ich es nannte, will heißen, ich bückte mich umringt von Dutzenden Kunden vor mein Waschmittelregal und kämpfte Waschmittelkarton für Waschmittelkarton in die engen Lücken, die es auszufüllen galt.

Aus dem Augenwinkel sah ich, wie sich ein Kunde näherte. Es war ein älterer Herr, der mich ins Visier nahm und mich nicht mehr aus den Augen ließ. Aber aufgrund der Massen um mich herum schaffte er es erst nach einer gefühlten Ewigkeit, bei mir anzukommen.

»Hallo, junger Mann, darf ich Sie mal was fragen?«

»Hallo, natürlich, dafür bin ich doch da!«

Er lächelte über sein Brillengestell hinweg.

»Wo steht denn bei Ihnen die Hefe?«

»Kommen Sie mit, das zeige ich Ihnen. Die Hefe ist bei uns ein wenig versteckt, und wir werden öfter danach gefragt. Die Päckchen sind aber auch so klein, dass es egal ist, wohin wir die räumen, die findet man einfach nie.«

Tatsächlich war die Frage nach dem Regalplatz der Hefe in den zwei Jahren, die ich nun beim Discounter verbracht habe, die häufigste. Ich begleitete den Mann zu den kleinen Hefewürfeln, er bedankte sich bei mir, und ich ging wieder zurück zu meiner Palette.

Es vergingen ein paar Minuten, und dann kam der ältere Herr wieder zu mir gelaufen, ja, er ist beinahe gerannt, und begann, seinen fürchterlichen Plan in die Tat umzusetzen, nämlich mich in den Wahnsinn zu treiben. Ich dachte zunächst, dass mit der Hefe irgendetwas nicht stimmt, vielleicht war das Haltbarkeitsdatum abgelaufen, das konnte ja passieren, aber ich irrte mich gewaltig. Auch er gehörte am Ende meiner zwei Jahre im Discounter zu den wenigen Kunden, die mir die Sprache verschlugen.

»Hallo, junger Mann, darf ich Sie noch etwas fragen?«

»Ja klar, stimmt was mit der Hefe nicht?«

»Doch, doch, mit der Hefe ist alles in Ordnung. Darf ich etwas eher Indiskretes fragen?«

Bitte was? Was konnte er meinen? Ich schaute ihn lange an und versuchte, in seinem Gesicht zu ergründen, worauf er hinauswollte. Was konnte man mich denn wohl Indiskretes fragen?

»Na gut, schießen Sie los«, sagte ich zu ihm, weil ich nicht annähernd eine Idee hatte, was er wollte.

»Darf man Ihre Lebensmittel auch mieten?«, fragte er, und ich stand da, als ob ich einen Geist gesehen hätte.

Auch wenn ich jetzt die Worte gehört hatte, verstand ich nur noch weniger, was er eigentlich wollte.

»Wie meinen Sie das denn bitte?«

Er versuchte sich an einer Erklärung:

»Na wenn ich jetzt diese Hefe hier mitnehme, die 19 Cent kostet, und Ihnen dafür an der Kasse zum Beispiel nur drei Cent gebe und die Hefe dann ungeöffnet nächste Woche zurückbringe …«

Ich musste mich unglaublich beherrschen, um nicht laut um Hilfe zu schreien, einen Weinkrampf zu bekommen oder anzufangen, laut zu lachen. Klar, jetzt verstand ich, was er wollte, aber ich verstand den Sinn überhaupt nicht, also fragte ich zur Sicherheit doch noch einmal nach:

»Ich nehme die Hefe für drei Cent mit und bringe sie Ihnen nächste Woche dann wieder, und Sie können sie weiterverkaufen … oder wieder vermieten?«

Ich begriff es einfach nicht. Natürlich vermieteten wir überhaupt nichts beim Discounter, egal ob es Lebensmittel oder Elektrogeräte sind. Aber bevor ich ihm das sagte, wollte ich unbedingt wissen, was er mit der gemieteten Hefe vorhatte. Klar, beim Baumarkt kann ich einen Hochdruckreiniger mieten, meine Hausfassade damit sauber machen und das Gerät anschließend wieder zurückbringen. Man kann auch Autos mieten, einen Abfallcontainer und so weiter – aber Hefe? Ich wollte es unbedingt wissen, also fragte ich:

»Was wollen Sie denn mit der Hefe machen, wenn Sie sie mieten? Eine Frau beeindrucken, indem Sie ihr leise ins Ohr flüstern: ›Baby, ich hab Hefe im Kühlschrank‹?«

Ich grinste, zuckte mit den Schultern und schüttelte den Kopf, denn ich verstand es wirklich nicht. Aber statt meinen Wissensdurst zu stillen, wurde der Kunde unfreundlich.

»Machen Sie das nun, oder nicht?«, motzte er mich an.

»Nein, wir machen so etwas ganz sicher nicht«, sagte ich zu ihm.

Der ältere Herr nahm die Hefe aus seinem Einkaufswagen und warf sie mir vor die Füße.

»Dann behalte deine Scheiße doch«, maulte er und verschwand aus dem Laden.

Ich fragte meine Kollegen, ob sie eine Erklärung für den Wunsch nach gemieteter Hefe hätten, aber auch über ihren Köpfen sah ich nur Fragezeichen umhertanzen.

Mit ein wenig Abstand habe ich inzwischen überlegt, ob dieser Herr selbst die ganze Geschichte überhaupt verstanden hatte, oder ob auch er nur eine Marionette des *WTVW* war, der mich in den Wahnsinn treiben wollte …

60

ZEHN SÄTZE, DIE SIE NIEMALS ZU EINEM VERKÄUFER SAGEN SOLLTEN

1. »SIND SIE ÖFTER HIER?«

Klar sind wir öfters da. Wir arbeiten dort, und wie jeder wissen sollte, bedeutet das zumindest in den meisten Fällen, dass man nicht nur ein Mal im Monat vorbeischaut, Hallo sagt und wieder geht, oder?

2. »DARF ICH ABWASCHEN, ANSTATT ZU BEZAHLEN?«

Ja, wie witzig. Hallo? Wir sind ein Discounter, denken Sie, wir haben nebenbei noch einen Catering-Service hinten im Aufenthaltsraum, wo wir in der Pause (die wir ja sowieso nicht haben) Brötchen schmieren?

3. »WERDEN SIE DIESES JAHR NOCH FERTIG?!«

Das ist vor allem am 31.12. ein sehr beliebter Satz an der Kasse. Ja, wir werden fertig, denn auch wir wollen Feierabend machen. Und wenn Sie diesen Satz sagen und die Kollegin oder der Kollege an der Kasse danach besonders langsam wird, dann fragen Sie sich doch bitte mal warum.

4. »SO, ICH LEGE MICH IN DEN GARTEN.« / »SO, ICH SPRINGE JETZT IN MEINEN POOL.«

Im Winter ist einer dieser Sätze vollkommen okay, aber bitte nicht im Sommer, wenn draußen 30 Grad herrschen und der Laden keine Klimaanlage hat. So etwas nennt man Motivationsbremse.

5. »IST DAS FLEISCH FRISCH?«

Frisch ist relativ. Ich würde sagen, solange es Ihnen nicht entgegengelaufen kommt oder gar winkend an Ihnen vorbeirennt, kann man es durchaus als frisch betiteln. Einverstanden?

6. »KÖNNEN SIE NOCH EINE KASSE ÖFFNEN?«

Bevor Sie weiterlesen, denken Sie bitte kurz selbst einmal nach … *Nein, ich kann natürlich keine zweite Kasse öffnen. Ich sitze an einer Kasse, wie soll ich eine zweite öffnen und welchen Sinn hätte dies? Ich kann ja trotzdem nur an einer Kasse kassieren, und dass es dadurch schneller geht, dass ich zwischen der einen und der anderen Kasse hin- und herlaufe, wage ich ernsthaft zu bezweifeln.*

7. »GEHÖRT DER EINKAUFSWAGEN JETZT MIR? ICH HABE DA IMMERHIN EINEN EURO REINGESTECKT?«

Nein, denn auch ich lege den ganzen Tag Geld in die Kasse und dennoch gehört mir die Kasse nicht. Okay, zugegeben, es ist nicht mein Geld, aber der Vorgang des Geld-Hineinlegens bleibt derselbe.

8. »DAS IST EINE ANZAHLUNG, DER REST KOMMT DANN SPÄTER.«

Okay, kein Problem, ich nehme dann so lange drei gefrorene Tintenfischringe aus Ihrer Packung als Pfand. Und machen Sie bitte die Zigarettenpackung auf, davon brauche ich dann auch noch fünf Stück. Und würden Sie bitte ein Viertel von der Tomate so lange hierlassen, bis Sie den Restbetrag begleichen? Danke.

9. »BIS WANN HABEN SIE DENN HEUTE GEÖFFNET?«

Die Frage ist okay und sogar ein bisschen fürsorglich morgens um neun Uhr. Abends, sechs Minuten vor Feierabend, bedeutet sie überhaupt nichts Gutes. Wer immer das fragt hat Großes vor, den Wocheneinkauf, Kleidung anprobieren oder auf die Jagd nach den Schnäppchen der Vorwoche gehen – und das wiederum bedeutet: Laden später abschließen, Abrechnung später machen, später heimkommen; für einen Verkäufer insgesamt keine gute Option. Die einzig gültige Antwort darauf kann also eigentlich nur lauten: »Wir haben bereits seit einer Stunde geschlossen, hier kommen nur ein paar dämliche Kunden – und damit meine ich Sie auf keinen Fall – einfach nicht aus dem Quark, und nur deshalb halten wir den Laden noch offen.«

10. »ARBEITEN SIE GERN HIER?«

Kein Kommentar.

61

DIE DÜMMSTEN DIEBE DER DISCOUNTER – PLATZ 1

DAS BESTE KOMMT bekanntlich ja immer zum Schluss, so auch dieser erste Platz in der Kategorie *Die dümmsten Diebe im Discounter*. Eigentlich ist es ja meistens so, dass so eine Sache mit einem Dieb nur ein paar Minuten dauert, aber bei diesem Dieb ging es alles in allem über zwei Stunden.

Es ist eine Geschichte, die mich und meine Chefin doch sehr schockte und die zeigt, wie respektlos Menschen sein können. Ich hatte ganz normal Kassendienst, und meine Ablösung stand schon hinter mir, also hatte ich den Tag geschafft, dachte ich. Dabei wollte ich mir doch abgewöhnen, bei der Arbeit zu denken. Ich schnappte mir also meine Kassenlade und ging ins Büro, wo die Chefin gespannt vor der Videoüberwachung saß. Sie beobachtete einen volltrunkenen Mann, der an einer der Kühltruhen lehnte. Ich verstand es nicht und fragte nach:

»Was machen Sie da? Können wir meine Kasse abrechnen?«

»Ja, fangen Sie schon mal an zu zählen … Der Typ hat irgendetwas vor, ich weiß aber noch nicht was.«

Ich blickte noch einmal auf den Monitor und sah, wie der junge Mann immer noch an den Truhen lehnte. Da die Monitorauflösung sehr schlecht war, konnten wir nicht genau erkennen, warum er da lehnte, also nahm die Chefin all ihren Mut zusammen und ging dann unauffällig an ihm vorbei. Sie kam lachend zurück ins Büro.

»Sie glauben nicht, was der da macht. Der pennt.«

»Wie, der pennt?«

»Ja, der ist an den Truhen eingeschlafen. Der schnarcht da rum.«

Ich konnte es kaum glauben, aber das erklärte, warum er da so regungslos an den Truhen gelehnt hatte.

»Herr Klein, tun Sie mir den Gefallen und gehen ihn aufwecken? Der schnarcht so laut, dass man das deutlich im Laden hören kann. Ich mache so etwas nicht gern.«

Na klar, wer soll also wieder ran? Genau, der einzige Mann im Laden. Ich hatte die Türklinke gerade in der Hand, als die Chefin mich aufhielt.

»Stopp! Er wird gerade wach.«

Ich ließ die Klinke also wieder los und drehte mich zurück zu meiner Kasse. Ich wollte endlich anfangen, die Kasse zu zählen, damit ich bald nach Hause kam, aber meine Chefin murmelte ein »Moment«, und dann blickten wir beide wieder auf den Monitor und beobachteten, was er wohl als Nächstes vorhatte.

Er ging zum Spirituosenregal, obwohl man seinen Gang eigentlich nicht so nennen durfte. Es sah sehr wackelig aus, und er brauchte für diese drei Meter eine halbe Ewigkeit. Er stand schwankend vor dem Regal, aber er tat nichts, außer davor zu stehen und zu schwanken. Meine Chefin beschloss, dass wir meine Kasse zunächst in den Tresor stellen sollten und sie dann zählen würden, wenn der Typ weg war. Sie gab mir den Schlüssel, damit ich die Kassenlade in den Geldschrank hineinlegen und sie weiter den Herrn beobachten konnte. Ich hob gerade meine Kasse hoch, als die Chefin losschrie:

»Haben Sie das gesehen?«

Ich hatte mich so erschrocken, dass ich die Kassenlade fallen ließ, aber das interessierte sie nicht, denn sie hatte nur Augen dafür, was der Typ da draußen trieb.

»Ich habe nichts gesehen, ich war dabei, meine Kasse wegzustellen. Was ist denn passiert?« – »Er hat sich zwei Flaschen in die Jackenärmel gesteckt.«

Ich schaute auf den Monitor und konnte das Gehörte nicht glauben, denn er stand noch genauso schwankend vor dem Regal wie vor drei Sekunden, als ich mich umgedreht hatte.

»Wie denn das?«

Sie schaute mich nicht an, denn sie starrte nur auf den Monitor.

»Der schwankt doch die ganze Zeit hin und her vor dem Regal. Es sah eben so aus, als ob er ins Regal fallen würde, aber genau in diesem Moment griff er blitzschnell in eine der Kisten, die unten stehen, und steckte sich zwei Flaschen in die Ärmel.«

War der Typ möglicherweise gar nicht so besoffen, wie er uns vorkam, oder hatte er diese Methode so oft geprobt, dass er das sogar blind konnte? Ich freute mich, denn so hatten wir ihn erwischt, was bedeutete, dass ich hier in 20 Minuten raus war. Aber ich irrte mich, denn der feine Herr ging erst einmal zu den Truhen, um noch eine Runde zu schlafen. Und wir konnten ihn nicht wecken, denn dann hätte er gemerkt, dass wir ihn beobachten, und er hätte die Flaschen zurückgelegt oder bezahlt.

Wir warteten also, bis er aus seinem Schönheitsschlaf erwachte und sich anschickte, in Richtung Ausgang zu gehen. Wir stellten uns ihm in den Weg. Also eigentlich nur die Chefin, denn wir wollten nicht zu zweit auf ihn losstürmen, das hätte ihn einschüchtern können, und man weiß ja nie, wie Menschen in Panik reagieren.

Meine Chefin stellte sich mich verschränkten Armen vor diesen ca. 1,90 Meter großen Mann.

»Haben Sie nicht vergessen, etwas zu bezahlen?«

Es war schon ein witziges Bild, der 1,90er Hüne vor meiner Chefin, die vielleicht gerade mal 1,65 Meter maß. Entsprechend nahm er sie nicht für voll und schwankte an ihr vorbei. Das ließ sie sich aber nicht gefallen, rannte an ihm vorbei und stellte sich ihm erneut in den Weg:

»Ich hätte gern meine beiden Flaschen Schnaps, die Sie in Ihren Jackenärmeln haben.«

Er legte den Kopf schief, als würde er abwägen, irgendetwas zu tun. Ich stellte mich jetzt neben die Chefin. Schließlich hatte der Typ in seinen Ärmeln die Flaschen versteckt. Es konnte ja durchaus sein, dass er versuchen würde, damit zuzuschlagen. Doch er blieb ruhig und stellte sich dumm:

»Welche Flaschen? Ich habe keine Flaschen, und nun lasst mich durch!« Mir fiel sofort seine tiefe, kratzige Stimme auf, ziemlich ungewöhnlich für einen so jungen Mann. Meine Chefin blieb hart:

»Nein, wir lassen dich so lange nicht durch, bis du uns die Flaschen gegeben hast!«

Dann wandte sie sich kurz an mich und sagte deutlich hörbar auch für den Dieb:

»Herr Klein, rufen Sie in der Zeit bitte die Polizei?«

Mit meinem Handy rief ich die Polizei. Währenddessen hatten wir uns schon über den halben Parkplatz geschoben, meine Chefin und ich im Rückwärtsgang.

Die Polizei ließ sich Zeit, und erst, als wir schon an der Ausfahrt zur Straße angelangt waren, erschienen die Ordnungshüter endlich. Nachdem wir in knappen Worten erklärten, was vorgefallen war, packten sie den jungen Mann und brachten ihn ins Büro. Die Chefin und ich mussten die Ordnungshüter natürlich begleiten. Die Polizisten, ein Mann von vielleicht Ende 30 und eine etwas jüngere Frau, waren die ganze Zeit über gelassen und ruhig, na klar, derlei Situationen waren schließlich ihr Tagesgeschäft. Ganz im Gegensatz zu meiner Chefin und mir: Hätte man uns den Blutdruck gemessen, wäre das Messgerät vermutlich explodiert.

Wir schlossen die Bürotür hinter uns; der Dieb begann ohne jede Aufforderung damit, sich auszuziehen, und da kamen prompt unter anderem die beiden Flaschen Wodka zum Vorschein, von denen er zuvor behauptet hatte, er würde sie nicht bei sich tragen. Und er zog sich nicht nur die Jacke aus, nein, er stand wenige Augenblicke später nur noch in seiner Unterwäsche im Büro. Er machte gerade Anstalten, sich auch der Unterwäsche zu entledigen, da griff die Polizistin ein:

»Danke, das reicht uns. Alles Weitere möchte nun wirklich keiner sehen. Aber haben Sie denn mal einen Ausweis dabei?«

Es interessierte ihn offenbar wenig, wer hier vor ihm stand und in welcher Situation er eigentlich war. Er kniete sich neben seine

1

Jeans auf den Boden und zog aus der Gesäßtasche seinen Geldbeutel hervor. Er erhob sich wieder und knallte das Portemonnaie auf den Tisch.

»Nimm dir raus, was du brauchst, Schnecke!«

Mir fiel die Kinnlade runter, aber die Polizistin blieb unbeeindruckt und fischte aus der Geldbörse seinen Ausweis heraus. Dann tippte sie eine Nummer in ihr Handy, vermutlich um eine Personenabfrage zu machen. Während sie also telefonierte, legte unser Dieb erst richtig los.

»Ja ja, ihr heißen Schnitten seid doch alle gleich, den ganzen Tag telefonieren. Das ist es doch, was euch anmacht …«

Ich war froh, dass meine Kinnlade schon so weit unten war, dass es gar nicht weiter herunterging, aber er war lange noch lange nicht fertig:

»Ja, Baby, wenn dir mal langweilig ist, kannst du mich ja auch mal anrufen für so richtig heißen Telefonsex …«

Bitte was hat er da eben zu der Polizistin gesagt? Weiß der nicht, was alles passieren kann, wenn er frech zur Polizei wird? Die Chefin und ich standen sprachlos in einer Ecke des Büros. Und offenbar hatte die Polizistin jetzt auch langsam die Nase voll.

»Du hältst jetzt die Klappe, sonst nehmen wir dich mit!«

Ich an seiner Stelle wäre jetzt mucksmäuschenstill gewesen. Aber nicht so unser Dieb, er blubberte fröhlich weiter:

»Super, Baby, wenn ihr mich mitnehmt, kann ich dir mal einen richtigen Hasen zeigen.«

Ich stand in der Ecke und schämte mich. Ich weiß nicht warum, vielleicht irgend so ein Männerding, aber mir war die ganze Sache einfach nur peinlich.

Die Polizistin hatte endgültig die Faxen dicke und donnerte im Befehlston:

»So, aufstehen, anziehen und mitkommen!«

Na, aufstehen wollte er offenbar, aber sich wieder anziehen wollte er nicht, denn er griff nach seinen Klamotten und warf damit nach der Polizistin. Und dann ging alles ganz schnell. Eine Kollegin öffnete die Türe und wollte ins Büro. Die offene Türe schien wie eine Einladung auf den Dieb zu wirken, der mit zwei langen Schritten durch die Tür war und türmen wollte. Aber er hatte die Rechnung ohne die Polizisten gemacht, die ihm blitzschnell hinterherhechteten, ihn zu Boden warfen und sich quasi auf ihn stürzten. Nun lag er da, im Kassenbereich des Ladens, nackt bis auf die Unterhose. Na, so hatten wenigstens unsere Kunden noch etwas davon.

Der Polizist legte ihm Handschellen an, und so spärlich bekleidet, wie er war, schafften sie ihn quer über den Parkplatz ins Auto. Der Polizist kam noch einmal zurück ins Büro und empfahl der Chefin:

»Kommen Sie bitte noch mal mit zum Auto, um ihm klar und deutlich zu sagen, dass er Hausverbot hat und dass jedes weitere Betreten des Ladens eine Anzeige nach sich zieht.«

»Muss ich das denn machen? Ist das nicht offensichtlich, dass er Hausverbot hat?«

»Ja, das müssen Sie ihm leider so genau sagen. Und wenn der hier noch einmal auftaucht, rufen Sie an und schildern kurz, was heute passiert ist, dann kommen wir sofort vorbei. Wir geben einen entsprechenden Vermerk an die Zentrale, mit diesem Mann ist ja nicht zu spaßen.«

Die Chefin ging also mit dem Polizisten zu deren Wagen, um dem Dieb in aller Form das Hausverbot auszusprechen, aber das bekam der gar nicht mehr mit, denn er war im Auto eingeschlafen. Nach wie vor nur mit seiner Unterwäsche bekleidet, lehnte er am Wagenfenster und schnarchte vor sich hin. Gut, das war nicht mehr unser Problem. Die Chefin und ich gingen um den Laden herum zum Lager, um uns bei einer schönen Zigarette zu beruhigen. Durch die ganze Aktion hatte ich schließlich erst zwei Stunden später Feierabend.

Wer jetzt denkt, dass dies schon das Ende des Unterhosenräubers war, der hat eindeutig falsch gedacht. Gleich am nächsten Morgen hatte ich wieder Kassendienst, und auch die Chefin hatte Dienst und turnte irgendwo im Laden herum. Ich räumte eben die Kaugummis in die Regale an der Kasse nach, als ich neben mir eine Stimme hörte:

»Darf ich meine Tasche hier hinstellen?«

Mir lief es in diesem Moment eiskalt den Rücken herunter, denn ich wusste sofort, wem diese tiefe, kratzige Stimme gehörte, aber ehe ich etwas sagen konnte, war er schon zwischen den Regalen verschwunden. Ich rief sofort die Chefin mit unserem Kassentelefon an, aber sie ging nicht an ihr Telefon. Ich rannte ins Büro, um auf den Überwachungsbildschirmen zu sehen, wo er war, aber ich fand ihn nicht. Als ich wieder in den Laden zurückkehrte, war seine Tasche verschwunden. Sollte sein Plan dieses Mal funktioniert haben? Ich rief die Chefin nochmals an, und dieses Mal erwischte ich sie.

»Ach, gehen Sie auch mal ans Telefon? Welch ein Wunder!«

»Entschuldigung, ich war auf der Toilette, hätte ich mich bei Ihnen abmelden sollen, Klein? Was ist denn los?«

Ja ja, *Toilette*, dachte ich mir, in der heimlichen Discounter-Sprache das Codewort für *Rauchen* und *privat Telefonieren*, aber ich wollte darüber im Moment wirklich nicht diskutieren, sondern erklärte, was geschehen war:

»Unser Freund war eben wieder hier, aber ich konnte nicht reagieren, denn der war genauso schnell wieder raus, wie er reingekommen ist.«

Wie sollte es auch anders sein, sie hatte keine Ahnung, wovon und vor allem von *wem* ich eigentlich sprach.

»Welcher Freund?«, bekam ich zu hören.

»Chefin, Sie waren gestern aber schon hier und haben das Ganze mitbekommen, als ich meine Kasse fallen ließ?« Durch das Telefon konnte ich fast schon hören, wie Rauchwolken über ihrem Kopf aufstiegen, weil ihr Gehirn sich mächtig anstrengen musste. Dann sagte sie:

»Ach, der Typ war wieder hier? Wo ist er?«

Ich fragte mich, ob sie die Aufmerksamkeitsspanne einer Fliege hatte, aber das darf man zu seiner Chefin natürlich nicht laut sagen.

»Wie ich schon sagte, der ist schon wieder weg. Ich weiß nicht, ob er was geklaut hat oder nicht. Ich habe ihn nicht gesehen, als er rausgegangen ist. Er stellte vorne seinen Rucksack ab und ging in den Laden. Ich merkte leider erst zu spät, dass er das war. Ich war auch im Büro, um ihn mithilfe der Kameras zu finden, aber in dieser Zeit muss er wohl schon wieder verschwunden sein. Sein Rucksack stand vorne an der Kasse, der ist jetzt weg, von daher schließe ich daraus, dass er wieder gegangen ist.«

An diesem Punkt war ich stolz auf mich, dass ich eine derartig geniale Kombinationsgabe hatte. *Sherlock Holmes* war ein Witz dagegen.

»Sind Sie sicher, dass er das war?«

Ich war froh, dass sie mich durch das Telefon nicht sehen konnte, denn ich verdrehte die Augen, als ich sagte:

»Ja, klar bin ich mir sicher, oder meinen Sie, dass ich diese Stimme oder dieses Gesicht je vergessen werde?«

Der Chefin passte das alles gar nicht, und sie motzte mich durchs Telefon an:

»Na, dann kann ich auch nichts mehr machen!«

»Das weiß ich ja auch, aber ich wollte Sie zumindest drüber informieren …«

Den ganzen restlichen Tag über blieb sie mürrisch, als ob es meine Schuld wäre, dass der Unterhosenräuber wieder aufgetaucht war.

Das alles reicht aber natürlich immer noch nicht für den ersten Platz auf dem Siegertreppchen. Inzwischen war der dritte Morgen in dieser Woche angebrochen, an dem ich Frühschicht hatte, wieder zusammen mit der Chefin. Der Laden hatte gerade erst ein paar Minuten geöffnet, und unsere Reinigungskraft, Frau Menzel, war noch da und sauste durch den Laden mit ihrer Bodenreinigungsmaschine. Auf einmal hörte das beruhigende Summen des Apparats auf, und Frau Menzel stand vor mir und flüsterte mir zu:

»Herr Klein, kommen Sie mal mit, da klaut einer was.«

»Okay, ich komme«, gab ich leise zurück und folgte der Fachkraft für Discounter-Hygiene in die Tiefen des Ladens, um zu schauen, wer da wohl klaut. Und siehe da, es war unser Dieb der Woche!

Ich ging sofort zurück zur Kasse, um die Chefin anzurufen:

»Er ist wieder da!«

Und wie sollte es anders sein, natürlich fragte sie:

»Wer?«

»Unser Unterhosenräuber, mit dem wir seit zwei Tagen so viel Stress haben. Er ist wieder im Laden, und Frau Menzel hat gesehen, wie er wieder etwas eingesteckt hat.«

Es herrschte für einen Augenblick Stille am Telefon, bis ich dann endlich ein hastiges »Ich komme sofort« hörte, und zwei Sekunden später stand die Chefin vor mir und blickte sich um. Frau Menzel hatte ihre Bohnermaschine wieder zum Laufen gebracht, das verriet das erneute Summen aus dem hinteren Teil des Ladens.

»Wo ist er?«

Hey, noch bin ich kein Hellseher, und meine Röntgenbrille, mit der man durch acht Reihen vollgestopfter Regale schauen kann, hatte ich heute wohl zu Hause vergessen.

»Ich habe keine Ahnung. Er ist hier noch nicht vorbeigekommen, er muss also noch im Laden sein.«

Kaum hatte ich das ausgesprochen, kam er hinter dem Getränkeregal um die Ecke gebogen und steuerte zielstrebig auf die Kasse zu. Aber er machte keine Anstalten, irgendetwas zu bezahlen, also sprang ihm die Chefin in den Weg, nachdem er die Kasse passiert hatte.

»Guten Tag, kommen Sie mal bitte mit ins Büro?«

Er ging anstandslos voraus, und die Chefin bat mich im Vorbeigehen:

»Herr Klein, kommen Sie bitte auch mit, mir ist nicht ganz wohl bei der Sache mit ihm allein …«

Glücklicherweise waren wir an diesem Morgen zu dritt, sodass ich beruhigt meine Kasse verlassen konnte, um der Chefin Schützenhilfe zu leisten. Im Büro angelangt, riefen wir sofort die Polizei, denn wir wussten inzwischen ja, dass unser Unterhosenräuber unberechenbar war. Aber heute schien er nüchtern zu sein, er zog sich nicht aus, machte keine dummen Sprüche und wartete einfach ab. Ihm war wohl klar, was passieren würde.

Die Polizei erschien vergleichsweise schnell, dieses Mal waren sie sogar zu dritt, und das Trio bestand nur aus Männern. Einer der Polizisten fragte unseren Dieb:

»Sie wissen, was Ihnen vorgeworfen wird? Haben Sie irgendetwas eingesteckt oder *vergessen zu bezahlen*?«

Er fasste sich an die Hosentaschen und begann, darin herumzuwühlen. Ich rechnetet damit, dass er eine Knarre oder ein Messer hervorholen würde, dass es nun so weit war und er auf uns losgehen würde, aber ich irrte mich, denn er nestelte ein Paket Aufschnitt aus der Hosentasche. Die Chefin und ich schauten erst ihn und dann uns an und wussten nicht, was wir sagen sollten. Der Beamte wusste das schon:

»Haben Sie einen Ausweis dabei?«

Wieder kramte er in seinen Taschen, und ich rechnete erneut mit dem Schlimmsten, aber keinesfalls damit, dass er in der Tasche auch noch ein Paket Käse versteckt hatte. Der Polizist verdrehte die Augen und fragte:

»Haben Sie noch mehr eingesteckt?«

Der Dieb schüttelte den Kopf, und der Polizist hakte noch einmal nach:

»Haben Sie einen Personalausweis dabei? Sie wissen, dass Sie in diesem Geschäft schon Hausverbot haben?«

Der Unterhosenräuber nickte resigniert und suchte weiter seine Hosentaschen ab, und ich fragte mich, ob da noch mehr Frühstücksutensilien auftauchen mochten, vielleicht ein Brot, Butter oder Marmelade?

Ich war ein wenig enttäuscht, als er dann doch nur sein Portemonnaie hervorkramte, um seinen Ausweis zu übergeben. Er sagte während der gesamten Prozedur kein einziges Wort. Schweigend und vollkommen bekleidet ging er mit zum Streifenwagen. Wir erstatteten natürlich Anzeige gegen ihn und sahen ihn nie wieder.

Aber ich muss zugeben, dass er mir an diesem Tag ein bisschen leidtat. Er war mit Abstand der beharrlichste Dieb, der unbedingt etwas klauen wollte bei uns, es vielleicht auch schon ein paar Mal geschafft hatte, aber letztlich war er doch nur ein Mensch mit vermutlich einer ganzen Reihe von Problemen, bei denen ihm aber ein Discounter beileibe nicht helfen kann.

Wie ich eingangs sagte, wir sind ausgebildet als Verkäufer und lernen, Preise zu kalkulieren und die Warenwirtschaft zu bedienen, aber was wir wirklich für den täglichen Umgang mit Kunden und auch Kollegen bräuchten, nämlich Psychologie oder zumindest Sozialpädagogik, bleibt uns vorenthalten, fast schon, als würde eine Absicht dahinterstecken, deren Zweck sich mir bis heute nicht erschlossen hat.

So, das waren sie, meine spannendsten Geschichten aus dem Discounter. Natürlich habe ich auch Tausende normaler Kunden bedient, aber davon zu berichten wären ja nicht so lustig gewesen.

NACHWORT

DAS NACHWORT heißt Nachwort, weil es danach kommt ;) Ich möchte mich erst einmal dafür bedanken, dass Sie mein Buch gekauft und es tatsächlich bis hierhin geschafft haben.

Dies waren nur die unglaublichsten Geschichten aus meiner Zeit im Discounter. Ich hatte auch sehr, sehr viele nette und normale Kunden. Hätte ich allerdings nur nette Kunden gehabt, wäre dieser Job doch irgendwie recht eintönig und langweilig gewesen – und es hätte niemals dieses Buch gegeben.

So wie es war, war es eine tolle Zeit, und ehrlich gesagt: Ohne die kleinen Verrücktheiten anderer Menschen wäre es doch gähnend langweilig auf der Welt.

Wir im Kollegenkreis hatten durch die merkwürdigen Wünsche und Anregungen unserer Kundschaft stets viel zu lachen. Es waren Fragen wie »Von wann bis wann haben Sie denn am 25. und 26.12. geöffnet?«. Aber auch mir passierten komische Dinge, so wünschte ich Kunden am Montagmorgen häufig ein *Schönes Wochenende* oder mir rutschte im Januar auch mal ein *Frohe Weihnachten* heraus. Ich musste wie meine Kunden auch darüber lachen.

Ich möchte mich mit diesem Buch über niemanden lustig machen oder gar jemanden verletzen. Ich möchte Ihnen damit zeigen, dass wir halt ab und zu am Rande des Wahnsinns standen und es uns dadurch teilweise wirklich schwerfiel, freundlich zu bleiben. Manchmal gelingt so etwas gut, manchmal weniger. Sie können gern selbst beurteilen, ob ich freundlich oder unfreundlich war, denn dies liegt meiner Meinung nach sowieso immer im Auge des Betrachters.

Vielleicht haben Sie also das nächste Mal ein bisschen Verständnis dafür, wenn ein Verkäufer nicht so freundlich ist, wie Sie es gern hätten, denn man weiß nie, was der Kunde vor Ihnen dem Verkäufer möglicherweise angetan hat.

Ich selbst bin inzwischen nicht mehr im Discounter tätig und habe meine Stelle »auf eigenen Wunsch verlassen«. Das hat aber überhaupt nichts mit den Kunden zu tun. Was das betrifft, würde ich sofort wieder im Einzelhandel anfangen.

CHRISTIAN KLEIN, 1985 im Land Brandenburg geboren, hat nach seiner Ausbildung mehrere Jahre bei einem Discounter gearbeitet. Er schildert seine Erlebnisse, die er nur dank Humor, Schlagfertigkeit und der Tatsache, dass er das Herz am rechten Fleck hat, meistern konnte. Klein ist verheiratet und lebt heute am Rande des Ruhrgebiets. Dies ist sein erstes Buch, das er sich einfach von der Seele schreiben musste.

Christian Klein
NEULICH IM DISCOUNTER
»Hilfe, ich bin im Einkaufswagen gefangen!«
Meine absurdesten Erlebnisse mit Kunden.

ISBN 978-3-86265-533-5
 Illustrationen: Jana Moskito | Lektorat: Ulrike Thams | Coverfoto: © Andrey Kuzmin/depositphotos.de

KATALOG
Wir senden Ihnen gern kostenlos unseren Katalog.
Schwarzkopf & Schwarzkopf Verlag GmbH
Kastanienallee 32, 10435 Berlin
Telefon: 030 – 44 33 63 00
Fax: 030 – 44 33 63 044

INTERNET | E-MAIL
www.schwarzkopf-schwarzkopf.de
info@schwarzkopf-schwarzkopf.de